Leland Ryken

Musikalische Bearbeitung von Niko Derksen

1. Auflage 2024

Originaltitel: 40 Favorite Hymns on the Christian Life

Veröffentlicht von P&R Publishing
Phillipsburg, NJ 08865, U.S.A.
Diese Ausgabe wurde in Absprache mit
P&R Publishing veröffentlicht.

Eckenhagener Str. 43
51580 Reichshof-Mittelagger
www.voh-shop.de

Übersetzung, Lektorat und Design: Voice of Hope
Notensätze: Niko Derksen

Bestell-Nr. 875.239
ISBN 978-3-947978-39-7

Soweit nicht anders vermerkt, wurden die
Bibelzitate der Schlachter-Bibel 2000 entnommen.

Die Rechteinhaber der übersetzten Liedtexte, der Melodien
und der Notensätze sind unter den Noten zu finden.

Inhalt

Einleitung

Es wird die meisten Leser zweifellos überraschen, zu erfahren, dass bis 1870 das übliche Format eines Gesangbuches ein (etwa 12 x 8 cm) kleines Buch war, das nur Worte enthielt. Die treffendste Bezeichnung für ein solches Buch ist eine Gedichtsammlung. Diese Sammelbände wurden zwischen dem Zuhause und dem Arbeitsplatz, der Schule und den Gottesdiensten hin- und hergetragen. *»Lieder, die das Christentum geprägt haben«* versucht, diese Tradition, Glaubenslieder als Gedichte zu erleben, neu zum Leben zu erwecken.

Einer von mehreren guten Gründen für eine solche Wiederbelebung ist die Tatsache, dass jedes Lied zunächst ein Gedicht ist und erst später zu einem Lied wird. Als verbaler Text besitzt ein Lied alle Eigenschaften eines Gedichts. Erst wenn es mit Musik gepaart wird, ist es ein Lied. Durch das Singen von Liedern mit Musikbegleitung wird viel gewonnen, aber es geht auch manches verloren.

Diese Sammlung von Gedichten zielt darauf ab, das Vergessene oder Verlorene wiederherzustellen. Ein unmittelbarer Gewinn ergibt sich, wenn man zunächst Strophe für Strophe liest und erkennt, wie jede Strophe auf die vorherige aufbaut. Unser Blick bewegt sich immer weiter vorwärts, anstatt jede Strophe für sich zu betrachten. Das Ergebnis ist ein klares Gespür für die kontinuierliche Abfolge von Gedanken und Gefühlen, wie sie sich von Anfang bis Ende ganz natürlich entwickelt.

Ein zweiter Vorteil, ein Lied als Gedicht zu lesen, besteht darin, dass wir es langsam lesen können, anstatt nur von der Musik und dem Gesang vorwärtsgedrängt zu werden. Poesie ist konzentrierte Gedankenabfolge und erfordert daher Nachdenken und Analyse. Wenn wir ein Gedicht lesen, können wir uns so viel Zeit nehmen, wie es der Text erfordert. Ein derart besinnliches Lesen erlaubt es uns, bei einzelnen Bildern innezuhalten, das eigentliche

Bild in unserer Vorstellung zu erfassen und dann die Bedeutung und Emotion zu beachten, die von jedem Bild ausgehen. Sprachfiguren wie Metaphern und Gleichnisse verlangen ebenfalls, dass ihre Bedeutungen entschlüsselt werden.

Viel von der Schönheit, die wir beim Singen geistlicher Lieder erleben, ist die Schönheit der Musik. Wenn wir Lieder als Gedichte erleben, liegt der Schwerpunkt auf der sprachlichen Schönheit des Textes. Die wertvollen Lieder, die das Christentum geprägt haben, stellen eine unerschöpfliche Quelle geistlicher Dichtung dar, die nur darauf wartet, den Christen zu ihrer Freude und Erbauung zur Verfügung gestellt zu werden.

Anmerkung des Herausgebers:

Ein beträchtlicher Teil der Lieder dieses Buches sind im deutschsprachigen Raum (nahezu) unbekannt. Deshalb wurden dieser Ausgabe Notensätze beigefügt, die es dem Leser ermöglichen, die Lieder zu erlernen und sie aus vollem Herzen zu singen.

Jeder Eintrag in diesem Sammelband besteht aus vier Elementen – einem Lied in Gedichtform, einer Erläuterung des Textes, einer Bibelstelle, die mit dem Lied und seiner Erläuterung zusammenhängt und einem Notensatz. Die Bibelstellen sollen das Lesen dieses Buches zu Erbauungszwecken fördern.

Außerdem ist dieser Band eine Schmuckausgabe mit Zitaten von Predigern und Autoren sowie majestätischen Naturbildern. Wenn sie auch nicht an den kraftvollen Inhalt der Lieder heranreichen, so spiegeln sie doch die Schönheit der Lieder ein Stück weit wider und sind dazu gedacht, dass du dich an ihnen erfreust.

Möge dieses Werk Christus verherrlichen und auch dich auf Seine Verherrlichung einstimmen!

Heilig, heilig, heilig

Originaltitel: Holy, Holy, Holy
Text: Reginald Heber (1783–1826)
Deutsch: Frank & Norma Huck

1. Heilig, heilig, heilig, Herr, mein Gott und König!
Dich allein verehren wir, den Vater, Sohn und Geist.
Heilig, heilig, heilig! Lasst uns Gott anbeten,
dankbar bestaunen die Dreieinigkeit.

2. Heilig, heilig, heilig! Oft bleibt es verborgen;
der Betrug der Sünde hat uns blind dafür gemacht.
Du allein bist heilig, ewig und vollkommen,
rein und voll Liebe, keiner ist Dir gleich.

3. Heilig, heilig, heilig! Du bist Selbst gekommen,
gingst den Weg nach Golgatha und trugst der Sünde Lohn.
Du hast Dich aus Liebe für uns hingegeben.
Wir danken Dir, Du Herr und Gottessohn.

4. »Heilig, heilig, heilig«, preisen die Erlösten,
legen ihre Kronen hin dem Herrn der Herrlichkeit.
Alle Engel dienen Dir, dem Allerhöchsten,
der war und ist und sein wird allezeit.

Die Bedeutung dieses Liedes, das 1826 erstmals veröffentlicht wurde, wird durch die Tatsache deutlich, dass es zu einer erlesenen Sammlung von Liedern gehört, die in fast jedem englischsprachigen Gesangbuch enthalten sind [und auch in jedem deutschsprachigen Liederbuch sein sollten]. Bereits zu seiner Zeit war es sehr bekannt und geschätzt. Der viktorianische Dichter Lord Alfred Tennyson hat dieses Lied nachweislich besonders bewundert.

Der hohe Stil des Gedichts ist seine offensichtliche formale Qualität. Zu den Merkmalen dieses hohen Stils gehören die erhabenen Bezeichnungen für Gott und die Aneinanderreihung von Adjektiven, Substantiven und Verben in Zweier- und Dreier-Mustern, die das Lied dynamisch und kraftvoll klingen lassen. Ein Beispiel ist: »Du allein bist heilig, ewig und vollkommen …« Der Leitton dieses Liedes ist die Erhebung des Herrn. Diese wird durch die Länge der Zeilen verstärkt, die fast doppelt so lang sind wie die, die wir in den meisten anderen Liedern finden.

In diesem erhabenen Gedicht treffen mehrere Stilmittel aufeinander. Trotz seiner Kürze kann das Gedicht als eine *Ode*[1] an den Herrn bezeichnet werden. Die meisten Oden preisen ein bestimmtes Thema, und »Heilig, heilig, heilig« passt in dieses Muster, wodurch es sich auch als Anbetungslied qualifiziert. Da sich dieses Anbetungslied direkt an Gott wendet, ist es nicht nur eine Ode, sondern auch ein Gebet.

Aufgrund der unübersehbaren Wiederholung des Wortes *»heilig«* könnte man leicht zu dem Schluss kommen, dass die Heiligkeit Gottes das Thema des Liedes sei; aber das wäre irreführend. Die Anerkennung der Heiligkeit Gottes ist Teil des umfassenderen Themas der Würdigkeit von Gottes Charakter.

---

1 Ein erhabenes Gedicht, das in einem hohen Stil über ein erhabenes Thema geschrieben ist. Wir sollten uns Gedichte als ein stilistisches Kontinuum vorstellen, bei dem Einfachheit auf der einen Seite und Erhabenheit und hoher Stil auf der anderen Seite dominieren. Je mehr sich ein Gedicht auf der Seite der Erhabenheit des Kontinuums befindet, desto eher kann man es als eine Ode bezeichnen.

Unter dem einigenden Schirm von Gottes Würdigkeit, gepriesen zu werden, konstruiert der Dichter ein Mosaik aus spezifischen Variationen des zentralen Themas: Gottes Heiligkeit, Gottes Existenz als Dreieinigkeit, Gottes Eigenschaften (Seine Ewigkeit, Vollkommenheit, Reinheit, Liebe und Herrlichkeit werden erwähnt), Seine Gnade und Souveränität, für die Er gepriesen wird (von Menschen und Engeln in den Strophen 3 und 4).

In Strophe 2 hält der Dichter inne und stellt fest, dass die menschliche Sündhaftigkeit die Fähigkeit der Menschen beeinträchtigt, Gottes Herrlichkeit zu erkennen.

Der Triumph dieses Liedes besteht darin, dass es uns mitreißt und uns teilhaben lässt an dem Lobpreis, den bereits das ganze Universum Gott sowohl auf Erden als auch im Himmel darbringt.

Es ist fast sicher, dass der Dichter dieses erhabene Anbetungslied auf der Grundlage von Offenbarung 4,8.10 und 11 verfasst hat:

»... unaufhörlich rufen [die vier lebendigen Wesen]
bei Tag und bei Nacht:

Heilig, heilig, heilig ist der Herr,
Gott der Allmächtige, der war und
der ist und der kommt!

... so fallen die 24 Ältesten nieder vor Dem,
der auf dem Thron sitzt, und beten Den an,
der lebt von Ewigkeit zu Ewigkeit;
und sie werfen ihre Kronen vor dem Thron
nieder und sprechen:

Würdig bist Du, o Herr, zu empfangen
den Ruhm und die Ehre und die Macht.«

HEILIG, HEILIG, HEILIG

Holy, Holy, Holy

Text: Reginald Heber (1783–1826)
Deutsch: Frank & Norma Huck

Melodie: John B. Dykes (1823–1876)

Das Loben besteht darin,
Gottes Eigenschaften und
Seinen mächtigen Werken
Ausdruck zu verleihen.

JOHN MACARTHUR

Wenn ich mit tausend Zungen nur

Originaltitel: O for a Thousand Tongues to Sing
Text: Charles Wesley (1707–1788)
Deutsch: Elli Ertner

1. Wenn ich mit tausend Zungen nur
könnt preisen meinen Herrn
und Seine Gnad und Herrlichkeit
zu Seinem Ruhm verehrn!

Refrain:
Nur Ihm sei Ehre, Lob und Preis,
dem Herrn der Herrlichkeit!
So betet an, ihr Heiligen,
von Herzen allezeit!

2. Hilf Deinem Kind, zu zeugen, Herr,
von Dir, dem Mensch und Gott,
von Deinem großen Gnadenwerk
an jedem Tag und Ort.

3. Der Name Jesus stillt die Angst
und nimmt die Sorgen fort.
Er schenkt dem Sünder Lebenskraft,
versöhnte ihn mit Gott.

4. Er brach am Kreuz der Sünde Macht,
nahm Gottes Zorn auf sich.
Sein Blut macht selbst den Schlimmsten rein,
es reinigte auch mich.

5. Er spricht, und Tote hören Ihn,
Sein Wort hat sie belebt.
Den Trauernden, Zerschlagenen
Er Seine Rettung gibt.

Für Menschen, die dieses Lied bereits kennen, birgt der ursprüngliche Kontext einige Überraschungen. Die erste veröffentlichte Fassung dieses Liedes aus dem Jahr 1740, geschrieben von einem der Gründer des englischen Methodismus, trug den Titel »Zum Jubiläum der Bekehrung«. Wesley dichtete das Lied ein Jahr nach seiner Bekehrung und wollte damit ein Zeugnis davon ablegen, wie Gott seine Seele errettet hat. Obwohl das Gedicht allgemeine Anbetung enthält, sollten wir es auch als individuelle Danksagung an Gott für unsere persönliche Errettung sehen.

Eine noch größere Überraschung ist, dass das ursprüngliche Lied aus achtzehn Strophen bestand! Zudem war die bekannte Eröffnungsstrophe nicht die erste, sondern die siebte Strophe. In der ursprünglichen Fassung ist die erste Strophe ein an Gott gerichteter Lobpreis, gefolgt von fünf autobiografischen Strophen, die von der Bekehrung des Autors berichten und davon, wie er zur vollen Gewissheit des Heils gelangte. Dann wendet sich das Lied vom Zeugnis zur Anbetung mit den bekannten Zeilen: »Wenn ich mit tausend Zungen nur könnt preisen meinen Herrn ...«

Die ersten beiden Strophen hier sind ein Einstieg in die Verkündigung des Ruhmes Gottes. Zunächst äußert der Dichter den Wunsch, die Triumphe der Gnade Gottes angemessen preisen zu können. Dann, in der 2. Strophe, betet der Dichter zu Gott, Er möge ihm helfen, den Herrn Jesus und Sein Gnadenwerk zu bezeugen. Das verbindende Thema dieser beiden Strophen ist das Verlangen des Dichters, den Lobpreis Gottes angemessen zu verkünden.

Die einleitende Strophe verwendet ein rhetorisches Mittel, das als Unsagbarkeitstopos bekannt ist. Es ist der überschwängliche Wunsch, den Herrn mit tausend Zungen zu besingen, und zugleich die Anerkennung des Umstands, dass ein einzelner Mensch die Herrlichkeit Gottes nicht angemessen ausdrücken kann.

Die nächsten drei Strophen enthalten den Lobpreis für das Erlösungswerk Jesu, wie er ersehnt und erbeten wurde. Die Vorgehensweise dabei ist üblich in der Poesie der Anbetungsdichtung – eine Auflistung anbetungswürdiger Taten unseres Gottes.

Wenn wir genau hinsehen, finden wir in den aufeinanderfolgenden Strophen folgende Auflistung: die Macht unseres Herrn, den Menschen zu geistlichem Leben zu erwecken und ihm Versöhnung mit Gott und Frieden zu schenken; die Kraft des Blutes Jesu, von Sünde und Schuld zu reinigen; die Kraft Seines Wortes, durch das Er Leben und Heilung schenkt. Diese Strophen sind eine Beschreibung dessen, was die Errettung durch Christus für die Seele des Menschen mit sich bringt.

Nach der Verkündigung des Erlösungswerkes Christi geht das Lied in dem Refrain zu einem Aufruf über. Das Volk der Erlösten wird aufgerufen, sich zur Anbetung unseres großen Herrn zu erheben.

Das Hauptmerkmal des Liedes ist sein überschwänglicher Ton. Vom einleitenden Wunsch, den Herrn zu preisen, wie es Ihm gebührt, bis zur Anbetung der Erretteten verwendet dieses charakteristische Lied vertraute biblische Bilder und Ausdrücke, um uns Christen zum Lob Gottes zu ermutigen.

Die Auflistung der rettenden Taten unseres Herrn in diesem Lied stützt sich auf prophetische Stellen und Abschnitte aus dem Evangelium über das Werk Jesu Christi. Einer davon stammt aus Lukas 4,17-19:

> *»Und es wurde Ihm die Buchrolle des Propheten Jesaja gegeben; und als Er die Buchrolle aufgerollt hatte, fand Er die Stelle, wo geschrieben steht:*
>
> *›Der Geist des Herrn ist auf Mir, weil Er Mich gesalbt hat, den Armen frohe Botschaft zu verkünden; Er hat Mich gesandt, zu heilen, die zerbrochenen Herzens sind, Gefangenen Befreiung zu verkünden und den Blinden, dass sie wieder sehend werden, Zerschlagene in Freiheit zu setzen, um zu verkündigen das angenehme Jahr des Herrn.‹«*

WENN ICH MIT TAUSEND ZUNGEN NUR

O for a Thousand Tongues to Sing

Text: Charles Wesley (1707–1788)
Deutsch: Elli Ertner

Melodie: Carl G. Gläser (1784–1829)
Niko Derksen (Refr.)

*Wer vergisst, Gott
zu loben und Ihn dankbar
zu preisen, der verschmäht
sein eigenes Heil.
Auch werden schwache
Seelen gestärkt und
wankende Herzen ermutigt,
wenn sie hören, dass wir Ihn
fröhlich rühmen können.*

C.H. SPURGEON

O Gnade, die mir zugewandt

Originaltitel: Amazing Grace
Text: John Newton (1725–1807)
Deutsch: Elli Ertner

1. O Gnade, die mir zugewandt
und einst erlöste mich!
Ich war verlorn, bis Gott mich fand;
war blind, jetzt sehe ich.

2. Die Gnade lehrte Furcht mein Herz
und nahm mir Angst und Not.
Sie heilte meinen Sündenschmerz,
versöhnte mich mit Gott.

3. Gott gab uns Sein Verheißungswort,
es meine Hoffnung nährt;
Er ist mein Schutz und Zufluchtsort,
solang mein Leben währt.

4. Viel Mühe, Nöte, List, Gefahr
gibt's hier tagein, tagaus.
Die Gnade hat mich stets bewahrt,
führt sicher mich nach Haus.

5. Und selbst nach tausend Jahren dort
in Gottes Herrlichkeit,
preist die Gemeinde ihren Gott
wie in der ersten Zeit.

Dies ist wohl das bekannteste Lied der Welt, das in vielen Ländern und in vielen Sprachen gesungen wird. Ein Biograf behauptet sogar, dass das Lied jährlich zehn Millionen Mal öffentlich gesungen werde. Hinter dem Lied steht die Biografie eines Mannes, der erkannte, dass er ein großer Sünder war.

John Newton war ein gottloser Seemann und Sklavenhändler gewesen. Er bekehrte sich während eines Sturms auf dem Meer, der sein Leben bedrohte. Diese Lebensgeschichte von großer Sündhaftigkeit, die der überreichen Gnade zur Errettung bedurfte, ist die autobiografische Grundlage, auf der das Gedicht aufgebaut ist. Aber die Tatsache, dass sich so viele Menschen damit identifizieren können, bestätigt, dass es die Geschichte jedes wahren Gläubigen ist, nicht nur die von Newton.

Bildlich gesehen zeigt dieses Gedicht einen starken Kontrast zwischen zwei Welten, die hier aufeinanderprallen. Die eine ist die Welt der Sünde und des Gefallenseins – nicht nur geistlich im persönlichen Leben eines Sünders, sondern in der gesamten Welt. Worte wie *ich war verlorn, war blind, Mühe, Nöte, List* und *Gefahr* beschreiben ihren Verfall und ihr Elend.

Gegenüber dieser sündigen Welt voller Mühen und Sorgen steht die vollkommene Welt, in der Sicherheit und ewige Freude wohnt, die mit Ausdrücken wie *Gnade, erlöst, Gott fand mich, jetzt sehe ich, Schutz und Zufluchtsort, Herrlichkeit* beschrieben wird. Das Gedicht spricht also davon, dass wir jetzt noch in der gefallenen irdischen Ordnung leben; es hält uns aber die großartigen Verheißungen der Schrift vor Augen. Es ist ein Lied der Hoffnung, des Trostes und der Zuversicht vor dem schwarzen Hintergrund des Elends, der die Glückseligkeit hell hervorstrahlen lässt.

Wenn wir uns von dieser Sicht auf das Lied als Ganzes nun abwenden und seine Bestandteile genauer betrachten, stellen wir fest, dass jede Strophe ihr eigenes Thema hat und dass die einzelnen Strophen uns in ihrem Verlauf vom Moment der Bekehrung bis zur ewigen Herrlichkeit führen. Das Lied deckt die Gesamtheit des geistlichen Lebens ab. Die aufeinanderfolgenden Themen sind: die Errettung durch Gottes Gnade und die Freude über diesen neuen Zustand; eine Schilderung der persönlichen Bekehrung zum Heil, mit einem Rückblick auf die Überführung von der Sünde, die zum rettenden Glauben

leitete; das Vertrauen auf Gottes Schutz während des Erdenlebens; ein Blick zurück auf die Schwierigkeiten des Lebens und nach vorn auf die völlige Befreiung davon; ein Bezeugen der Hoffnung auf ewige Freude und Frieden, und die Anbetung wegen der unvergänglichen Natur des Lebens in Gottes ewiger Herrlichkeit. Wir können klar eine Anordnung erkennen, die Vergangenheit, Gegenwart und Zukunft abdeckt.

Gibt es eine poetische Erklärung für die Tatsache, dass dies zu einem wichtigen Lied der Christenheit geworden ist? Nein, es lässt sich nicht abschließend erklären. Wir können jedoch sagen, dass das Lied das verspricht, wonach wir uns im tiefsten Innern sehnen: Gnade, Rettung, Gewissheit, Heimkehr, die Ewigkeit in Gottes herrlicher Gegenwart.

Obwohl dieses Lied den Schwerpunkt nicht ausschließlich auf die Gnade legt, die in der bekannten Anfangsstrophe benannt wird, ist diese erste Zeile so fesselnd, dass wir das ganze Lied als eine Anbetung der Gnade Gottes in unserem Leben auffassen können. Titus 2,11-13 ist eine gute Parallelstelle, die sich wie das Gedicht von der Vergangenheit in die Zukunft erstreckt:

> *»Denn die Gnade Gottes ist erschienen, die heilbringend ist für alle Menschen; sie nimmt uns in Zucht, damit wir die Gottlosigkeit und die weltlichen Begierden verleugnen und besonnen und gerecht und gottesfürchtig leben in der jetzigen Weltzeit, indem wir die glückselige Hoffnung erwarten und die Erscheinung der Herrlichkeit des großen Gottes und unseres Retters Jesus Christus.«*

O GNADE, DIE MIR ZUGEWANDT

Amazing Grace

Text: John Newton (1725–1807)
Deutsch: Elli Ertner

Melodie: Virginia Harmony (1831)

Das Christenleben beginnt
mit der Gnade, muss mit
der Gnade fortfahren und
mit der Gnade enden.
Alles ist Gnade,
wunderbare Gnade!
Durch die Gnade Gottes
bin ich, was ich bin.

MARTYN LLOYD-JONES

Schönster Herr Jesus

Text: aus dem 17. Jh.,
2. Str. A.H. Hoffmann von Fallersleben (1798–1874)

1. Schönster Herr Jesus, Herrscher aller Enden,
Gottes und des Menschen Sohn,
Dich will ich lieben, Dich will ich ehren,
Du meiner Seele Freud und Kron.

2. Schön sind die Felder, schöner sind die Wälder
in der schönen Frühlingszeit.
Jesus ist schöner, Jesus ist reiner,
der unser traurig Herz erfreut.

3. Schön leucht't die Sonne, schöner leucht't der Monde
und die Sterne allzumal.
Jesus leucht't schöner, Jesus leucht't reiner
als all die Eng'l im Himmelssaal.

4. Schön sind die Blumen, schöner sind die Menschen
in der frischen Jugendzeit.
Sie müssen sterben, müssen verderben;
doch Jesus bleibt in Ewigkeit.

5. All diese Schönheit Himmels und der Erden
ist verfasst in Dir allein.
Nichts soll mir werden lieber auf Erden
als Du, der schönste Jesus mein.

Dies ist ein so bekanntes Lied, dass es überrascht, wie viel Neues man darin entdecken kann – angefangen bei den grundlegendsten Fragen über seinen wahren Ursprung. Eine lange Tradition hat es als »Kreuzfahrtlied« bezeichnet, und in romantischen Erzählungen aus dem 19. Jahrhundert werden mittelalterliche Pilger dargestellt, die es auf ihrem Marsch nach Jerusalem singen. Es ist vielleicht für manche eine kleine Enttäuschung, zu erfahren, dass diese Legende unmöglich wahr sein kann. Die früheste bekannte Version des Liedes stammt aus der zweiten Hälfte des siebzehnten Jahrhunderts (1677). Andere Theorien geben sehr gegensätzliche Quellen an: Die einen behaupten, es sei römisch-katholischer Gesang oder ein deutsches Volkslied, und an anderer Stelle wurde es den Anhängern des frühen Reformators Jan Hus zugeschrieben.

Manche betrachten und gebrauchen das Lied als Kinderlied, da Bilder aus der Natur darin eine wichtige Rolle spielen; doch die Anziehungskraft der Natur ist universal.

Während viele Lieder uns auf einen Streifzug durch vielfältige Ideen und Motive mitnehmen, konzentriert sich dieses Lied einzig und allein auf die überragende Schönheit und Anziehungskraft Jesu (eine Strategie, die Literaturwissenschaftler als das Überlegenheitsmotiv bezeichnen).

Diese Einfachheit auf der einen Seite wird durch interessante Elemente auf der anderen Seite aufgewogen. Der Dichter imitiert die als Parallelismus bekannte biblische Versform, bei der ähnliche Inhalte zwei- oder dreimal hintereinander mit verschiedenen Worten oder Bildern, aber in ähnlicher grammatikalischer Form ausgedrückt werden. Zum Beispiel: »Dich will ich lieben, Dich will ich ehren …« Die Substantive »Freude und Krone« unterstützen daraufhin den Wert Jesu für die einzelne Seele und vertiefen den Gedankengang aus der vorigen Zeile. Die Eröffnungsstrophe enthält eindrucksvolle Bezeichnungen für Jesus: »Schönster Herr Jesus, Herrscher aller Enden …«

Die Verwendung der Natur in der zweiten und dritten Strophe greift auf sehr alte poetische Traditionen zurück. Im Laufe der Jahrhunderte wurde damit begonnen, die Bilder der Natur in Worte zu fassen und zu verwenden, um über verschiedene Themen zu sprechen. In der Andachtsdichtung beispielsweise rufen Dichter gewöhnlich unser Gefühl für die Schönheit der Natur wach, um dieses Gefühl auf die Schönheit Jesu zu lenken, die die Natur bei

Weitem übertrifft. Eine verbreitete Strategie besteht also darin, nicht bei der Betrachtung der Natur stehen zu bleiben, sondern eine Steigerung aufzubauen bis hin zum Schönsten der Natur, das dann vom Herrn Jesus noch überragt wird, da Er viel besser und schöner als die Natur ist. Genau das tut der Verfasser dieses Gedichts: Er vergleicht Jesus Christus mit dem Allerbesten in der Natur, um Ihn dann für viel besser zu erklären.

Dieses Gedicht hat eine gewinnende Einfachheit durch seine klare Struktur. Die mittleren drei Strophen behandeln das Thema der Überlegenheit Jesu, indem sie Ihn mit der Schöpfung vergleichen. Die Eröffnungs- und Schlussstrophen sind wie ein Rahmen, der die mittleren Strophen einschließt.

Dass die Menschen von der Schönheit des Charakters und Werkes Jesu angezogen werden, zieht sich wie ein roter Faden durch die in den Evangelien dargelegten Berichte über Sein Leben. Die herzliche Aufnahme, die die Samariter Jesus erwiesen, wie in Johannes 4,40-42 aufgezeichnet, ist ein solches Bild dafür, wie die Menschen von der Schönheit Jesu als ihrem Herrn und Retter angezogen wurden:

»Als nun die Samariter zu Ihm kamen, baten sie Ihn, bei ihnen zu bleiben; und Er blieb zwei Tage dort.

Und noch viel mehr Leute glaubten um Seines Wortes willen.

Und zu der Frau sprachen sie: Nun glauben wir nicht mehr um deiner Rede willen; wir haben selbst gehört und erkannt, dass dieser wahrhaftig der Retter der Welt, der Christus ist!«

Eine Zeile aus diesem Lied fasst dieses Bild perfekt zusammen: *Schönster Herr Jesus, Herrscher aller Enden!*

SCHÖNSTER HERR JESUS

Text: aus dem 17. Jh.,
2. Str. A.H. Hoffmann von Fallersleben (1798–1874)

Melodie: aus dem 17. Jh.

Je mehr du über Christus weißt, desto weniger wirst du mit oberflächlichen Ansichten über Ihn zufrieden sein.

C.H. SPURGEON

Jesus, Du unsrer Herzen Freud

Originaltitel: Jesus, Thou Joy of Loving Hearts
Text: Ray Palmer (1808–1887)
Deutsch: Elli Ertner

1. Jesus, Du unsrer Herzen Freud,
Du bist das Leben und das Licht,
kleidest uns in Gerechtigkeit –
das ist's, was Dein Wort uns verspricht.

Refrain:
Dein Wort bleibt ewig fest bestehn:
Die zu Dir flehn, die rettest Du.
Nur in Dir kann ich Hoffnung sehn,
Du bist mein Heil und sichre Ruh.

2. Du Lebensbrot, Du nährest mich,
und mich verlangt nach mehr von Dir.
Aus Dir, Du Quelle, trinke ich;
Du stillst den Durst, gibst Leben mir.

3. Rastlose Herzen werden heil,
wenn auch der Sturmwind um sie bläst.
Aus Gnade nur bist Du mein Teil;
ich glaub an Dich, Du hältst mich fest.

4. Jesus, bleib bei uns allezeit,
dann ist der Weg vor uns erhellt
in dieser Nacht voll Sünd und Leid;
Dein Licht schein' hell in diese Welt!

Als der Prediger und Liederdichter Ray Palmer 1858 dieses Gedicht verfasste, war der berühmte Aphorismus[1] des Augustinus von Hippo aus dem ersten Absatz seiner *Bekenntnisse* bereits etwa 1400 Jahre alt. Dieser Aphorismus besagt: »Zu Dir hin, o Herr, hast Du uns geschaffen, und unruhig ist unser Herz, bis es Ruhe findet in Dir.« Vielleicht hatte Palmer diesen bekannten Spruch in seinem Gedächtnis, als er ein ganzes Gedicht darüber schrieb, wie eine unruhige Seele Ruhe findet in Jesus. Wie Augustinus richtet Palmer seine Worte in direkter Weise an Jesus.

Die beiden verbindenden Motive – die ruhelose Seele und die Ruhe in Jesus – finden sich in zwei der vier Strophen. In jeder Strophe können wir eine Aussage erkennen, entweder ausdrücklich oder nur angedeutet, dass die Menschenseele im Diesseits nur Dinge findet, die sie, getrennt von Jesus, nicht befriedigen können. Ein zweites Motiv, das wir in jeder Strophe aufdecken können, ist die Erkenntnis, dass Jesus die einzig wahre Erfüllung menschlicher Sehnsucht ist. Eine der Funktionen der Poesie ist es, Sehnsucht zu wecken; dieses bekannte Gedicht weckt unsere Sehnsucht nach Jesus.

Eine weitere poetische Stärke dieser Dichtung ist ihre Form. Der Autor spricht Jesus von Anfang bis Ende direkt an und macht somit das Gedicht zu einem Gebet. Er wirft sich fortwährend auf Jesus, und die Seele des Lesers wird in diese Haltung mit hineingezogen.

Innerhalb dieser Form, eine betende Anrede an Jesus zu richten, folgt das Gedicht einer festen fortlaufenden Struktur. Die ersten drei Strophen erklären, wer Jesus ist, und loben Ihn, weil Er die menschliche Sehnsucht erfüllt. Diese drei Strophen behandeln alle ein ähnliches Thema und haben daher eine sich wiederholende Struktur. In der letzten Strophe geht der Autor von der Beschreibung Jesu zur abschließenden Bitte über.

Zwei Merkmale des Vokabulars und der Bildsprache legen geradezu Quellen der Kraft in dieses Gedicht. Denn der Dichter verwendet ein eindringliches Vokabular, das Gefühle weckt mit Worten wie *ewig fest, sichre Ruh, mich verlangt*

1 Eine prägnante, einprägsame Aussage. Die Bibel ist das aphoristischste Buch der Welt, und die in diesem Sammelband enthaltenen klassischen Glaubenslieder sind ebenfalls eine nie versiegende Quelle schöner Aphorismen. Ein Aphorismus ist ein Beispiel für verbale Schönheit, und eine Hauptfunktion der Poesie ist die Schaffung verbaler Schönheit.

nach mehr von Dir, Du stillst den Durst, gibst Leben, heil und hell. Eine zweite Kraftquelle ergibt sich aus den darin enthaltenen Archetypen[2] oder Titeln für Jesus: *unsrer Herzen Freud, Leben, Licht, Hoffnung, Heil, Ruh, Lebensbrot, Quelle* und *mein Teil.*

Ralph Waldo Emerson behauptete, dass Dichter Sprecher sind, die in die Welt gesandt werden, um das auszudrücken, was die Menschheit eigentlich sagen möchte, aber nicht in der Lage ist, es angemessen auszudrücken. In diesem Gedicht wird Ray zum *Sprecher* aller gläubigen Seelen – und zwar bezüglich des Themas, das am wichtigsten ist.

Dieses Lied spricht von der Hinwendung zu Jesus als der einzig wahren Erfüllung menschlicher Sehnsucht. Eine bekannte Aussage von Petrus drückt denselben Gedanken aus:

> *»Da antwortete Ihm Simon Petrus: Herr, zu wem sollen wir gehen? Du hast Worte ewigen Lebens; und wir haben geglaubt und erkannt, dass Du der Christus bist, der Sohn des lebendigen Gottes!«*
>
> *Johannes 6,68-69*

---

2 Ein Bild oder Symbol (z. B. ein Fluss), ein Handlungsmotiv (z. B. eine Reise) oder ein Charaktertyp (z. B. ein Hirte) – etwas, was in der Literatur und im Leben immer wieder auftaucht. Archetypen sind die Komponenten der universellen menschlichen Erfahrung und die Hauptbausteine der Literatur. Sie rufen in uns mächtige elementare und ursprüngliche Gefühle hervor. Die Bibel ist unser erstklassiges Vorratslager für diese meisterhaften Bilder.

JESUS, DU UNSRER HERZEN FREUD

Jesus, Thou Joy of Loving Hearts

Text: Ray Palmer (1808–1887)
Deutsch: Elli Ertner

Melodie: Henry Baker (1835–1910),
Niko Derksen (Refr.)

Jesus Christus ist
in jeder Hinsicht genug
für die unermesslichen
Bedürfnisse der Seele.

JOHN FLAVEL

Fest stehet die Gemeinde

Originaltitel: The Church's One Foundation
Text: Samuel J. Stone (1839–1900)
Deutsch: Anna T. von Weling (1837–1900), Niko Derksen

1. Fest stehet die Gemeinde, gebaut auf Jesus Christ,
die Seine neue Schöpfung durch Wort und Wasser ist;
Er kam herab zur Erde, erwarb sie sich als Braut,
hat sich mit Seinem Leben ihr ewig angetraut.

2. Erwählt aus allen Völkern, doch als ein Volk gezählt;
ein Herr und auch ein Glaube, ein Geist, der sie beseelt.
Sie ehrt den Namen Jesu und teilt des Herren Mahl,
mit einer Hoffnung lebt sie kraft Seiner Gnadenwahl.

3. Verfolgt und angefochten, verachtet und gejagt,
durch Spaltungen zerrissen, von Häresie geplagt,
so wachen doch die Christen und rufen zu dem Herrn,
und auf die Nacht des Kampfes folgt bald der Morgenstern.

4. Sie wird niemals vergehen, denn ihr geliebter Herr,
der sie erhält und leitet, bleibt bis zum Ziel bei ihr.
Wenn sie auch sehr gehasst wird, und in den eignen Reihn
sind Feinde und Verräter – der Sieg wird ihrer sein.

5. Inmitten all der Trübsal und heißem Kampf und Streit
schaut sie auf die Verheißung der ewgen Friedenszeit.
Sie harrt, bis sich ihr Sehnen erfüllt in Herrlichkeit,
und nach den großen Siegen beginnt die Ruhezeit.

6. Schon hier ist sie verbunden mit Dem, der ist und war,
hat herrliche Gemeinschaft mit der erlösten Schar.
Glückselig, wer vollendet! Zu Dir, Herr, rufen wir,
dass wir mit all den Deinen bald ewig sind bei Dir.

Wenn wir dieses Gedicht als einen in sich geschlossenen Text betrachten, ohne es in den Kontext seiner Entstehungsgeschichte zu stellen, können wir sein wesentliches Merkmal erkennen: nämlich, dass es sich um eine ausführliche Betrachtung über das Wesen der Gemeinde Jesu handelt.

Eine strophenweise Aufschlüsselung des Gedichts, bei der dieses zentrale Thema im Blickfeld steht, ergibt Folgendes:

- Jesus ist das Fundament, auf dem die Gemeinde aufgebaut ist;
- die Gemeinde ist eine Einheit (wobei das Wort *ein/einer* fünfmal vorkommt);
- die Bedrohungen für die Einheit der Gemeinde;
- die Gewissheit, dass die Gemeinde für immer fortbestehen wird;
- die Sehnsucht, sich der in der Vollendung triumphierenden Gemeinde anzuschließen.

All das lässt sich aus dem Text selbst herauslesen; aber die Themen, die der Dichter für seine Betrachtung gewählt hat, werden noch klarer, wenn wir den Kontext kennen, in dem das Gedicht entstanden ist.

Samuel John Stone war ein Prediger mit einem bildungsprivilegierten Hintergrund, der in London in einer Gemeinde eines weniger privilegierten Vororts diente. Dort komponierte Stone eine Sammlung von zwölf Liedern, die auf den einzelnen Schwerpunkten des Apostolischen Glaubensbekenntnisses basierten, damit sich diese Wahrheiten im Denken seiner Gemeindemitglieder verankerten. »Fest stehet die Gemeinde« basiert auf Aussagen im Glaubensbekenntnis über die heilige Gemeinde Jesu und die Gemeinschaft der Heiligen, was die gezielte Betrachtung über das Wesen der Gemeinde erklärt.

Ein weiterer Kontext erklärt die starke Betonung, dass die Gemeinde von Konflikten heimgesucht wird. Wenige Jahre vor der

Abfassung dieses Gedichts war die anglikanische Kirche weltweit tief gespalten wegen des Eindringens von Irrlehren. Stone kämpfte in diesem Kampf für die biblische Wahrheit. Dieser Kontext des geistlichen Konflikts erklärt das beständige Motiv des Kampfes in dem Gedicht, da den überschwänglichen Versicherungen über den schlussendlichen Triumph der Gemeinde Beschreibungen von Umständen gegenüberstehen, die das Vertrauen auf den Triumph herausfordern.

Auch spezifischere Gegensätze verleihen dem Gedicht eine Spannung: Zwiespalt und Einheit, Bedrohung und Sicherheit, Nöte im Jetzt und herrliche Vollendung im Dann (d. h. in der Ewigkeit), Unruhe und Ruhe sowie Frieden.

Selbst wenn wir es als Lied singen, aber noch mehr, wenn wir uns die Zeit nehmen, über seine Bilder und Phrasen nachzusinnen, sticht die frohlockende Sprachgewalt dieses Gedichts hervor. Eine Möglichkeit, diesen Text als Gedicht zu begreifen, besteht darin, uns an seinen prägnanten Phrasen und einprägsamen Bilder zu erfreuen. Wenn wir dann weiter über das poetische Gefüge nachdenken, wird deutlich, dass das Gedicht eine Mischung aus biblischen Anspielungen ist.

> Der VOH-Blogartikel »Fest stehet die Gemeinde« enthält dieses Lied mit fast fünfzig Bibelstellen, die in einer Begleitspalte aufgeführt sind. All diese Bibelstellen zeigen auf, wie sehr dieses Lied von der Schrift durchdrungen ist und die Lehre der Schrift in Bezug auf die Gemeinde widerspiegelt.

Obwohl die Einheit der Gemeinde vor allem in der zweiten Strophe bejubelt wird, zieht sich der Geist von Epheser 4,4-6 durch das gesamte Lied:

> *»Ein Leib und ein Geist, wie ihr auch berufen seid zu einer Hoffnung eurer Berufung; ein Herr, ein Glaube, eine Taufe; ein Gott und Vater aller, über allen und durch alle und in euch allen.«*

FEST STEHET DIE GEMEINDE

The Church's One Foundation

Text: Samuel J. Stone (1839–1900)
Deutsch: Anna T. von Weling (1837–1900), Niko Derksen

Melodie: Samuel S. Wesley (1810–1876)

5. Inmitten all der Trübsal und heißem Kampf und Streit
schaut sie auf die Verheißung der ewgen Friedenszeit.
Sie harrt, bis sich ihr Sehnen erfüllt in Herrlichkeit,
und nach den großen Siegen beginnt die Ruhezeit.

6. Schon hier ist sie verbunden mit Dem, der ist und war,
hat herrliche Gemeinschaft mit der erlösten Schar.
Glückselig, wer vollendet! Zu Dir, Herr, rufen wir,
dass wir mit all den Deinen bald ewig sind bei Dir.

Kommt, die ihr liebt den Herrn

Originaltitel: Come, We That Love the Lord
Text: Isaac Watts (1674–1748), Niko Derksen (Coda)
Deutsch: Niko Derksen

1. Kommt, die ihr liebt den Herrn,
macht eure Freude kund;
zu Seinem Thron erhebe sich
ein Lob aus Herz und Mund!

2. Wer unsern Gott nicht kennt,
den lasst nun schweigen still.
Doch Gottes Königskinder, singt
von eurer Freude Füll!

3. Des Herrn erlöstes Volk
sieht jetzt schon Herrlichkeit;
aus Glaube und aus Hoffnung wächst
Frucht für die Ewigkeit.

4. Zehntausend Freuden hier
uns Gottes Nähe bringt,
bis wir vor Seinem Throne stehn,
von Heiligen umringt.

5. Dann gibt's kein Weinen mehr,
nur Freudenlieder Klang,
ein Leben in dem ewgen Reich.
Preist Gott mit Lobgesang!

Coda:
Preist den Herrn mit Lobgesang!
Bringt Ihm Ehr mit frohem Klang!
Er ist König, Er regiert,
jetzt und allezeit!

Dieses Lied über die Freuden des Himmels, das vom »Vater der geistlichen Lieder« geschrieben wurde, wird gern auf Trauerfeiern gesungen, da es von der Herrlichkeit spricht, an der Gotteskinder durch die Erlösung schon jetzt Anteil haben und von der verheißenen ewigen unvergleichlich größeren Herrlichkeit, die sie noch erwartet. Dies ist ein großer Trost für die trauernden Hinterbliebenen, die den Schmerz über den Verlust eines geliebten Menschen erleben. Gläubige verlassen eine Trauerfeier mit der neuen Überzeugung, dass sie im Bewusstsein ihrer himmlischen Bestimmung leben sollten.

»Kommt, die ihr liebt den Herrn« ist um diese Motive unseres ewigen Reiseziels und die Wirkung, die es jetzt auf uns haben sollte, aufgebaut. Zusätzlich enthält die letzte Strophe die bekannte Verheißung: »Dann gibt's kein Weinen mehr …«

Wenn wir die fortlaufende Entfaltung dieses Gedichts betrachten, sehen wir die folgende Steigerung: Die einleitende Einladung zu »kommen« ist ein Aufruf an die Gläubigen, ihre Freuden zu besingen. Die Wirkung ist vergleichbar damit, eine Kirchentür zu öffnen und die Gläubigen zum Gottesdienst einzuladen. Die zweite Strophe setzt das Motiv fort, die Gläubigen zur Teilnahme an einem geistlichen Freudenfest zu ermutigen, während den Ungläubigen die Voraussetzung fehlt, die ihnen die Teilnahme daran ermöglichen würde (»Wer unsern Gott nicht kennt«). Diese Strophe sagt uns, dass wir uns nicht durch Menschen vom Gottesdienst abhalten lassen sollen, die den Sinn desselben nicht verstehen.

Mit dem Aufruf zum gemeinsamen Lobgesang werden die verbleibenden drei Strophen spezifischer und liefern den Inhalt für das Lied, zu dessen Gesang wir eingeladen wurden. Die Strophen 3 und 4 versichern uns, dass wir schon während unseres irdischen Daseins himmlische Freude erfahren können. Die fünfte Strophe, die mit dem Kausalwort »dann« beginnt, zieht aus dem Gesagten die Schlussfolgerung, dass wir nicht betrübt sein sollten, da wir ein ewiges, herrliches Reich erwarten.

Es gibt drei Möglichkeiten, wie wir die Erbauung in Anspruch nehmen können, die uns dieses Lied bietet. Erstens ist dies ein Lied des Trostes und der Ermutigung, in dem die Aussicht auf die ewige Herrlichkeit jeden Verlust und jede Trauer beseitigt, die uns sonst niederdrücken könnte. Zweitens beflügelt

es unsere Vorstellungskraft bezüglich der Hoffnung, die uns erwartet. Drittens ermahnt es uns indirekt dazu, sicherzustellen, dass die geistlichen Qualitäten des Reiches Gottes schon jetzt in unserem Leben Wirklichkeit werden.

Der Herzschlag dieses Liedes sind seine Bilder der ewigen Herrlichkeit. Eines der Bilder, das in diesem Lied in der vierten Strophe mit den Worten aufgezeichnet ist: »... bis wir vor Seinem Throne stehn, von Heiligen umringt«, finden wir im Buch der Offenbarung:

> *»Nach diesem sah ich, und siehe, eine große Schar, die niemand zählen konnte, aus allen Nationen und Stämmen und Völkern und Sprachen; die standen vor dem Thron und vor dem Lamm, bekleidet mit weißen Kleidern, und Palmzweige waren in ihren Händen.*
>
> *Und sie riefen mit lauter Stimme und sprachen: Das Heil ist bei unserem Gott, der auf dem Thron sitzt, und bei dem Lamm!*
>
> *Und alle Engel standen rings um den Thron und um die Ältesten und die vier lebendigen Wesen und fielen vor dem Thron auf ihr Angesicht und beteten Gott an und sprachen:*
>
> *Amen! Lob und Herrlichkeit und Weisheit und Dank und Ehre und Macht und Stärke gebührt unserem Gott von Ewigkeit zu Ewigkeit! Amen.«*
>
> *Offenbarung 7,9-12*

KOMMT, DIE IHR LIEBT DEN HERRN

Come, We That Love the Lord

Text: Isaac Watts (1674–1748), Niko Derksen (Coda)
Deutsch: Niko Derksen

Melodie: Aaron Williams (1731–1776),
Niko Derksen (Coda)

Täglich will ich Dich
preisen und Deinen Namen
rühmen immer und ewiglich!
Groß ist der Herr und hoch zu
loben, ja, Seine Größe ist
unerforschlich. Ein Geschlecht
rühme dem andern Deine
Werke und verkündige
Deine mächtigen Taten!

PSALM 145,2-4

So, wie ich bin

Originaltitel: Just as I Am
Text: Charlotte Elliott (1789–1871)
Deutsch: Niko Derksen

1. So, wie ich bin, so komme ich,
nur durch Dein Blut, das floss für mich;
kein eignes Werk – ich trau auf Dich,
o Gottes Lamm, allein auf Dich.

2. So, wie ich bin, komm ich zu Dir.
Schenk heute wieder Gnade mir.
Wie oft versage ich doch hier!
O Gottes Lamm, ich komm zu Dir.

3. So, wie ich bin – vom Sturm gejagt,
von Kampf und Zweifeln oft geplagt,
vom Feind bedroht und sehr verzagt –
o Gottes Lamm, Dir sei's geklagt.

4. So, wie ich bin, oft schwach und blind,
komm ich zu Dir, Herr, als Dein Kind;
bei Dir ich Reichtum, Gnade find –
o Gottes Lamm, ich bin Dein Kind!

5. So, wie ich bin – Du nimmst mich an,
vergibst, befreist und heiligst dann,
weil ich auf Dein Wort trauen kann –
o Gottes Lamm, führ mich voran!

6. So, wie ich bin – Du liebtest mich
schon lang, bevor ich kannte Dich,
hast mich errettet gnädiglich –
o Gottes Lamm, ich liebe Dich.

Das Wissen um den Ursprung dieses Liedes ist eine unverzichtbare Hilfe zum Verständnis seiner Bedeutung. Als die Autorin noch jung war, wurde sie von einer schweren Krankheit heimgesucht, die sie für den Rest ihres Lebens zu einer Halb-Invalidin machte. Ihr Leben war ein Zeugnis geduldigen Ausharrens in Leiden, die nicht nur von körperlicher Art waren, sondern auch von emotionaler und geistiger Art.

Die Krankheit plagte sie und verursachte in ihr oft den stechenden Schmerz, scheinbar nutzlos in ihrem Leben zu sein, während ihre Familie in unermüdlicher Dienstbereitschaft für Gott wirkte.

Eines Tages im Jahr 1834 war das ganze Haus in heller Aufregung, weil alle mit den Vorbereitungen für einen Wohltätigkeitsbasar beschäftigt waren – alle, außer Charlotte, die zwar genauso begeistert war wie alle anderen, aber körperlich nicht in der Lage war, mitzuhelfen.

In der Nacht vor dem Basar wurde sie von beunruhigenden Gedanken über ihre offensichtliche Nutzlosigkeit wachgehalten. Diese Gedanken gingen in einen geistigen Kampf über, bis sie die Realität ihres geistlichen Lebens bezweifelte und sich fragte, ob sie überhaupt errettet sei.

Am nächsten Tag blieb sie allein zurück, während alle anderen zum Basar gingen. Als sie auf ihrem Bett lag, überfielen sie die Sorgen der Nacht mit solcher Wucht, dass sie sich irgendwann dessen bewusst wurde, dass diese Sorgen nur durch die Gnade Gottes bewältigt werden konnten. Sie erinnerte sich an all die großartigen Tatsachen, welche ihr die Gewissheit ihres Heils vermittelten: an ihren Herrn, Seine Macht, Seine Verheißungen. Dann nahm sie Stift und Papier vom Tisch und schrieb zu ihrem eigenen Trost das Fundament ihres Glaubens auf. So entstand das Lied: So, wie ich bin.

Das Thema dieses Liedes ist der immer freie Zugang zu Gott, den Seine erlösten Kinder haben – und zwar so, wie sie sind. Der Ausdruck »so, wie ich bin« verkörpert ein wichtiges theologisches Prinzip, nämlich dass wir kein Verdienst mitbringen können, um bei Gott Annahme, Gnade, Vergebung oder Rettung zu erlangen.

Dieses Lied wird häufig als Aufruf für Sünder, zu Christus zu kommen, verwendet. Doch es ist vor allem das Gebet eines wahrhaft Gläubigen, der an das Werk Christi glaubt und sich auf die Verheißungen Gottes für Seine Kinder beruft.

Die erste Strophe zeigt, dass nichts dem Gläubigen Zugang zu Gott verschafft, als nur das Werk Christi, auf das er im Glauben vertraut.

Die nächsten drei Strophen beschreiben drei unterschiedliche Arten von Not, die ein Kind Gottes zu seinem Retter, dem Herrn Jesus, treiben: Sünde, Prüfungen und Schwachheiten. Ein Kind Gottes weiß, dass es beim Herrn Vergebung der Sünde findet, und darum eilt es zu Ihm, um Gnade zu erlangen. Das beschreibt die 2. Strophe. In der 3. Strophe kommt der Gläubige zu Christus in der Gewissheit, dass Er die einzige Zuflucht in Zeiten der Prüfungen und Versuchungen ist, weil er nur in Ihm Überwinder sein und siegen kann. Und schließlich, in Strophe 4, erkennt das Kind Gottes seine Unzulänglichkeiten und Schwachheiten, seine Armut und Abhängigkeit vom Herrn und sucht die Gemeinschaft mit Ihm, um mit allem beschenkt zu werden, was für sein Leben im Glauben und in der Nachfolge nötig ist.

In der 5. Strophe dieses Liedes erfreut sich der Christ an dem großartigen Gnadenwerk Gottes an den Seinen – Annahme, Vergebung, Befreiung und Heiligung –, mit Berufung auf Gottes zuverlässiges Wort.

Die letzte Strophe dieses Liedes zeigt, aus welcher Quelle das Gnadenwerk Gottes entspringt und wohinein es mündet – die Liebe Gottes zum Sünder, die schon vor Grundlegung der Welt da war, und die Liebe des Sünders, die durch den Geist in sein Herz ausgegossen worden ist, nachdem er errettet wurde und erkannte, dass er schon geliebt wurde, als noch nichts Liebenswertes in ihm zu finden war.

Dieses Lied beschreibt ein Ruhen in den großartigen Wahrheiten, die wir in Römer 5,1-2 finden:

> *»Da wir nun aus Glauben gerechtfertigt sind, so haben wir Frieden mit Gott durch unseren Herrn Jesus Christus, durch den wir im Glauben auch Zugang erlangt haben zu der Gnade, in der wir stehen, und wir rühmen uns der Hoffnung auf die Herrlichkeit Gottes.«*

SO, WIE ICH BIN

Just as I Am

Text: Charlotte Elliott (1789–1871)
Deutsch: Niko Derksen

Melodie: William B. Bradbury (1816–1868)

5. So, wie ich bin – Du nimmst mich an,
vergibst, befreist und heiligst dann,
weil ich auf Dein Wort trauen kann –
o Gottes Lamm, führ mich voran!

6. So, wie ich bin – Du liebtest mich
schon lang, bevor ich kannte Dich,
hast mich errettet gnädiglich –
o Gottes Lamm, ich liebe Dich.

Mein Bedürfnis nach Gnade und Barmherzigkeit ist grenzenlos, übermäßig, riesig. Doch mein Bedürfnis geht nie über die Ressourcen Gottes in Christus hinaus. Ich habe nichts außer Christus. Ich brauche nichts außer Christus.

PAUL WASHER

Kann es denn sein?

Originaltitel: And Can It Be?
Text: Charles Wesley (1707–1788)
Deutsch: Christoph Klaiber

1. Kann es denn sein, dass Gott mir gibt
ein Anrecht auf des Heilands Blut?
Starb Er für mich, der Ihn betrübt?
Gab Er Sein Leben mir zugut?
O große Liebe, mein Gewinn:
Du gabst Dein Leben für mich hin!

Refrain:
O große Liebe, mein Gewinn:
Du gabst Dein Leben für mich hin!

2. Geheimnis groß: Gott Selber stirbt!
Wer kann der Liebe Weg verstehn,
die mir, dem Sünder, Heil erwirbt?
Kein größres Wunder ist zu sehn.
So liebt uns Gott; drum betet an,
was unser Geist nicht fassen kann!

3. Er kommt von Seines Vaters Thron.
Nicht messbar ist der Gnade Tat.
Nur Liebe treibt den Gottessohn,
der sich für mich entäußert hat.
Unendlich frei ist Gottes Gnad,
weil sie auch mich gefunden hat.

4. Gefangen lag schon lang mein Geist,
gebunden in der Sünde Nacht.
Du blickst mich an – die Nacht zerreißt,
Licht leuchtet auf, ich bin erwacht.
Die Fessel fällt, mein Herz ist frei.
Ich stehe auf und komm herbei.

5. Verdammnis schreckt mich seither nicht.
Ich lebe: Jesus ist nun mein.
Er ist mein Haupt und Lebenslicht.
Gerecht bin ich durch Ihn allein.
Kühn fordre ich vor Seinem Thron
die Krone, die durch Ihn mein Lohn.

Dieser Text ist ein so tiefgehendes Bekenntnis des Glaubens an das Evangelium und ist vielen Menschen so vertraut, dass man bei näherer Betrachtung überrascht darüber ist, wie poetisch er ist. Er drückt nicht nur die heiße Glut geistlicher Emotionen aus, sondern stößt auch in die oberen Bereiche poetischer Begeisterung vor. Das Gedicht ist das Lied einer Seele, die errettet wurde.

Die beste Methode, dieses Lied zu entschlüsseln, besteht darin, sich Strophe für Strophe vorzunehmen. Der Leitgedanke der ersten Strophe – ein Gefühl des Erstaunens – ist in dem Ausruf »O große Liebe!« enthalten. Diese Strophe umgreift drei Fragen, die dieses Erstaunen ausdrücken. Der Dichter vermag es kaum zu fassen, wie groß die Liebe Gottes ist. Das bringt er mit den Worten »Kann es denn sein?« auf den Punkt. Im Mittelpunkt des Erstaunens steht nicht die objektive Tatsache des Sühnetodes Christi, sondern die Tatsache, dass es »für mich« geschah – eine Feststellung, die hier mehrfach zum Ausdruck gebracht wird und vielleicht von daher rührt, dass Wesley zur Zeit der Abfassung des Gedichts Martin Luthers Kommentar zum Galaterbrief gelesen hat.

Der emotionale und ausrufende Stil setzt sich in der zweiten Strophe fort. Hier drückt der Dichter es noch deutlicher aus, dass er dieses Wunder kaum begreifen kann. Die erste Zeile liefert ein kühnes Paradoxon, dass Gott, der ja unsterblich ist, in Christus auf die Erde gekommen und am Kreuz gestorben ist. Er beschreibt es als großes Geheimnis und sagt, dass es »kein größres Wunder« gibt.

Um weiter auszuführen, was genau kaum zu fassen ist, geht der Prediger Charles Wesley über in den Erzählmodus. Die dritte Strophe fasst die Geschichte der Menschwerdung und Passion Christi (Seinen Sühnetod) in Worte. Der Bericht über die Bekehrung des Dichters in der vierten Strophe kann auf jeden Gläubigen bezogen werden. Diese Strophe bedient sich der Geschichte der Rettung von Petrus aus dem Gefängnis, durch einen Engel (Apg. 12,6-11), und verwandelt sie in eine bildliche Darstellung der persönlichen Errettung.

Die Schlussstrophe stellt die vertraute eschatologische Wende vieler Lieder dar, indem der Redner den Fokus auf die Zukunft verschiebt und eine himmlische Existenz feiert, die durch die Vereinigung mit Christus ermöglicht wird. Jede Zeile in diesem Gedicht kann mit bekannten Bibelversen in Verbindung gebracht werden; vielleicht am offensichtlichsten ist dies in der Zeile, in der es heißt: »Verdammnis schreckt mich seither nicht«, was an Römer 8,1 anknüpft:

»So gibt es jetzt keine Verdammnis mehr für die, welche in Christus Jesus sind«.

Wenn wir einen Blick zurück auf das werfen, was wir beobachtet haben, können wir sehen, dass dieses Gedicht eine erweiterte Betrachtung von der rettenden Liebe Gottes zu den Sündern ist. Sie ist der Diamant, den dieses Gedicht im Licht hin und her bewegt. Eine Seite dieses Diamanten ist eine Reihe theologischer Aussagen über das stellvertretende Sühneopfer Christi, das die göttliche Liebe zum Ausdruck bringt. Tatsächlich ist das Lied eine kurze Einführung über die Erlösung.

Eine passende Ergänzung zu diesem christozentrischen Element ist die darauf folgende persönliche Geschichte der Errettung von Sünde und Tod, deren Betonung auf der Unwürdigkeit des Menschen liegt. Im Anschluss an die Darstellung der vollbrachten Erlösung durch Jesus Christus zeigt das persönliche Zeugnis von der Errettung in der vierten Strophe, wie diese im persönlichen Leben eines Menschen angewandt wird.

Im Großen und Ganzen ist das Lied um einen zentralen Kontrast aufgebaut – der Kontrast zwischen der göttlichen Freigebigkeit und der Überraschung, die Sünder empfinden, wenn sie gerettet werden, ungeachtet dessen, wer sie sind.

Wie wir bei vielen Liedern in diesem Sammelband sehen werden, enthält dieses so viele verschiedene biblische Bezüge, dass es schwierig ist, eine einzige Bibelpassage als Haupttext zu wählen. Nichtsdestotrotz finden wir in Epheser 3,17-19 eine Parallele zu der Empfindung des Liedes, dass die Errettung zu erstaunlich ist, um vollständig verstanden zu werden:

> *»... dass der Christus durch den Glauben in euren Herzen wohne, damit ihr, in Liebe gewurzelt und gegründet, dazu fähig seid, mit allen Heiligen zu begreifen, was die Breite, die Länge, die Tiefe und die Höhe sei, und die Liebe des Christus zu erkennen, die doch alle Erkenntnis übersteigt, damit ihr erfüllt werdet bis zur ganzen Fülle Gottes.«*

KANN ES DENN SEIN?

And Can It Be?

Text: Charles Wesley (1707–1788)
Deutsch: Christoph Klaiber

Melodie: Thomas Campbell (1777–1844)

C7 F Gm7/F C/F F
winn: Du gabst Dein Le - ben für mich hin!
an, was un - ser Geist nicht fas - sen kann!
Gnad, weil sie auch mich ge - fun - den hat.
frei. Ich ste - he auf und komm her - bei.
Thron die Kro - ne, die durch Ihn mein Lohn.
Refrain
B♭/C F C4-3 Gm Dm F7/C
O gro - ße Lie - be, mein Ge - winn: Du
B♭ Gm6/B♭ F/A B♭ B♭m6 F/C C7 F
gabst Dein Le - ben für mich hin!

Wie fest ist der Felsen

Originaltitel: How Firm a Foundation
Text: George Keith (1638–1716)
Deutsch: Elli Ertner

1. Wie fest ist der Felsen, das Wort unsres Herrn,
der Grund unsres Glaubens, der leitende Stern!
Sein Wort ist vollkommen, mehr brauchen wir nicht
zum Glauben, zur Rettung, zum Leben im Licht.

Refrain:
Wohl dir, der du dich ganz auf Christus verlässt.
Kein Feind wird dich treffen – Ich halte dich fest.
Wenn Hölle und Teufel auch gegen dich sind,
verlasse Ich niemals, ja niemals Mein Kind.

2. Mein Kind, Ich bin mit dir, so fürchte dich nicht!
Denn Ich bin dein Gott, der Sein Wort niemals bricht.
Ich stärke dich, helf dir und halte dich fest
mit mächtiger Hand, die dich niemals verlässt.

3. Wenn Ich dich auch heiße durchs Wasser zu gehn,
und reißende Stürme sehr wild um dich wehn,
so bin Ich doch bei dir und will durch das Leid
dich heiligen, segnen, dass Frucht draus gedeiht.

4. Gehst du auch durchs Feuer der Prüfung dahin,
am Ende des Weges siehst du einen Sinn.
Es kann dir nichts schaden, Gott ist dir nicht fern;
Er will dich verwandeln ins Bild unsres Herrn.

Dieses Lied wurde erstmals 1787 von einem Baptistenprediger in London veröffentlicht. Laut Daniel Sedgwick (1814–1879) war George Keith der Autor des Liedes. Sedgwick war ein Komponist, der sich viel mit geistlichen Liedern des 17. und 18. Jahrhunderts befasste und es sich zur Aufgabe gemacht hatte, unbekannte Lieder herauszugeben. Über George Keith ist nur wenig bekannt, außer dass er ein Verleger und Komponist mehrerer Lieder war.

Das vielleicht bemerkenswerteste und am meisten geschätzte Merkmal dieses Liedes ist, wie viele biblische Verheißungen in den Text eingeflossen sind – etwas, das wunderbar an das im ersten Vers genannte zentrale Motiv anknüpft: nämlich die Heilige Schrift als Fundament unseres Glaubens.

Das Lied verkündet ein unerschütterliches Vertrauen auf Gottes Wort. Es zeigt uns direkt in der ersten Strophe, dass Gott uns darin alles gesagt hat, was nötig ist, um uns durch das Leben und durch alle Glaubensprüfungen hindurchzubringen und uns zu einem Gott wohlgefälligen Leben anzuleiten.

Vergleichen wir einmal die zweite Strophe mit Jesaja 41,10:

> *»Fürchte dich nicht, denn Ich bin mit dir; sei nicht ängstlich, denn Ich bin dein Gott; Ich stärke dich, Ich helfe dir auch, ja, Ich erhalte dich durch die rechte Hand Meiner Gerechtigkeit!«*

In den Worten »Mein Kind, … fürchte dich nicht!« liegt reicher Trost, weil sie von dem treuen, allmächtigen und liebenden Gott und Vater ausgesprochen wurden. Er will nicht, dass Seine Kinder furchtsam sind. Er will, dass sie verstehen, worin ihre Sicherheit begründet ist – nicht in ihrer eigenen Kraft, sondern in der Seinen.

Er wird ihnen in ihren größten Schwierigkeiten und Gefahren beistehen – wie Er es in Jesaja 43,2 verheißt und wie es in der dritten und vierten Strophe widerhallt:

> *»Wenn du durchs Wasser gehst, so will Ich bei dir sein, und wenn durch Ströme, so sollen sie dich nicht ersäufen. Wenn du durchs Feuer gehst, sollst du nicht versengt werden, und die Flamme soll dich nicht verbrennen.«*

Ja, mehr noch: Er wird gerade diese Schwierigkeiten und Gefahren, Prüfungen und Verfolgung nutzen, um uns als Seine Kinder zu verwandeln, sodass wir Christus mehr und mehr ähnlich werden.

Der Refrain erinnert an die Verheißung aus 5. Mose 31,6:

> *»Seid stark und mutig! Fürchtet euch nicht und lasst euch nicht vor ihnen grauen, denn der HERR, dein Gott, geht Selbst mit dir; Er wird dich nicht aufgeben, noch dich verlassen!«*

Gott hatte Seinem Volk geboten, die Kanaaniter – die Feinde Gottes und Seines Volkes – zu vernichten. Er befiehlt Seinem Volk nichts, wozu Er es nicht auch zu tun befähigen würde. Sie brauchten sich nicht vor der Macht der Feinde zu fürchten, solange Gott bei ihnen war und sie auf Seine Macht vertrauten.

Darauf bezieht sich der Dichter und ermutigt uns, auf Christus zu schauen. Wer sich auf Ihn verlässt, der ist wirklich gesegnet, denn keine Macht der Finsternis kann ihm irgendeinen Schaden zufügen.

Schließlich sollten wir den Kontext beachten, in dem die überschwänglichen Verheißungen dieses Liedes stehen. Die Menschen, an die sich diese Verheißungen richten, befinden sich in Notsituationen. Es sind Menschen, die sich fürchten und auf Gottes Hilfe angewiesen sind (Strophe 2); die sich in stürmischen Gewässern befinden, deren Flut sie zu überwältigen droht (Strophe 3), die durch das Feuer von Prüfungen gehen (Strophe 4) und von Feinden angegriffen werden (Refrain). Dieses Lied ist eine Ermutigung für Menschen, die erkennen, dass sie nichts sind ohne den Herrn, und dass sie deshalb Seine Gnade brauchen.

Bei diesem Lied kommen uns die *»überaus großen und kostbaren Verheißungen«* Gottes für die Gläubigen in den Sinn, von denen in 2. Petrus 1,3-4 die Rede ist:

»Seine göttliche Kraft [hat] uns alles geschenkt …, was zum Leben und [zum Wandel in] Gottesfurcht dient, durch die Erkenntnis Dessen, der uns berufen hat durch [Seine] Herrlichkeit und Tugend, durch welche Er uns die überaus großen und kostbaren Verheißungen gegeben hat, damit ihr durch dieselben göttlicher Natur teilhaftig werdet, nachdem ihr dem Verderben entflohen seid, das durch die Begierde in der Welt herrscht.«

WIE FEST IST DER FELSEN

How Firm a Foundation

Text: George Keith (1638–1716)
Deutsch: Elli Ertner

Melodie: Niko Derksen

Krönt Ihn, krönt unsern Herrn!

Originaltitel: Crown Him with Many Crowns
Text: Matthew Bridges (1800–1894), Godfrey Thring (1823–1903)
Deutsch: Frank & Norma Huck

1. Krönt Ihn, krönt unsern Herrn,
das Lamm auf Gottes Thron!
Gebt euer ganzes Leben hin
für Ihn, den Gottessohn.
Erwache, Herz, und sing
von Dem, der für dich starb;
Anbetung, Ruhm und Ehre bring
Dem, der dir Rettung gab!

2. Krönt Jesus, unsern Herrn,
seht Seine Wunden an!
Am Kreuz die Liebe sichtbar wird,
die niemand fassen kann.
Zerschlagen und verhöhnt,
die Strafe lag auf Ihm;
Er hat den vollen Preis bezahlt,
gab dort Sein Leben hin.

3. Krönt Jesus, unsern Herrn,
der auferstand vom Grab!
Mit Macht Er Satans Ketten brach,
den Seinen Heil erwarb.
Den Tod hat Er besiegt,
die Rettung ist nun mein.
Er hält mich fest in Seiner Hand,
für immer bin ich Sein.

4. Krönt Ihn, den Herrn der Herrn,
denn Er hat triumphiert!
Das Lamm, das einst geschlachtet ward,
beim Vater jetzt regiert.
Es thront in Herrlichkeit,
der Himmel Jesus preist;
die Heiligen anbeten dort
den Retter allezeit.

Krönt Ihn, krönt unsern Herrn!« ist ein Lied, das Christus als den König der Könige und Herrn der Herren preist.

Die erste Fassung dieses Liedes bestand aus sechs Strophen. Sie wurde von Matthew Bridges geschrieben und 1851 veröffentlicht. 1874 veröffentlichte Godfrey Thring weitere sechs Strophen mit dem gleichen Thema, bei denen er weitere Vorzüge Jesu Christi als dem höchsten König beschrieb. Bald darauf begannen Gemeinden, Strophen aus beiden Liedern auszuwählen und in einem Lied zusammenzufassen. In dieser Version stammen die ersten beiden Strophen aus dem Lied von Bridges, die anderen beiden hat Thring verfasst.

Der deutlichste künstlerische Triumph dieses Gedichts liegt im Bereich der Rhetorik – hier vor allem in der strukturierten Anordnung des Inhalts. Die Eröffnungszeile jeder Strophe beginnt mit einer Aufforderung, unseren Herrn Jesus Christus zu krönen.

Die erste Strophe bezieht sich auf Jesu Königsherrschaft im Allgemeinen. Er ist das siegreiche Lamm, das auf dem Thron Gottes sitzt – der Sohn Gottes, der unseres Lobes würdig ist.

Christus ist würdig, in unseren Herzen, Seelen und unserem Leben gekrönt und als König anerkannt zu werden. Die einzelnen Strophen sind Variationen dieses Themas, in denen Gründe genannt werden, warum Jesus würdig ist, gekrönt zu werden: Seine unfassbare Liebe, die sich vor allem in Seinem stellvertretenden Sühnetod am Kreuz zeigt, Sein triumphaler Sieg über Tod und Teufel, und dass Er nun zur Rechten Gottes sitzt und ewig regiert. Es geht also um Seinen Tod, Seine Auferstehung und Seine Erhöhung.

In der zweiten Strophe betrachtet der Dichter staunend die Liebe Christi. In Seinem Tod für Sünder erkennen wir das Wesen wahrer Liebe. Wer wirklich liebt, schreckt auch vor dem größten Opfer nicht zurück.

Die dritte Strophe preist den größten Triumph der Weltgeschichte. Seitdem die Sünde in der Welt ist, umgeben uns täglich die Zeichen des Todes und die Auswirkungen der Herrschaft Satans. Doch durch Christi Auferstehung wurde die Macht der Sünde, des Todes und des Teufels gebrochen.

Das Lied endet mit der Tatsache der Erhöhung des Lammes zur Rechten Gottes und Seiner ewig währenden Herrschaft. Damit schließt sich der Kreis,

da sich im Verlauf des Liedes gezeigt hat, wodurch die Rettung erwirkt wurde, von der in der ersten Strophe die Rede ist, und wie das Lamm Gottes auf den Thron gelangte.

All diese Wahrheiten geben uns unzählige Gründe, Christus als das Lamm Gottes in alle Ewigkeit anzubeten und als Herrn und König über unser Leben, über unsere Familie, unsere Gemeinde und über das ganze Universum anzuerkennen.

Der Ausgangspunkt für dieses Lied sind die erhabenen Visionen über Jesus, wie sie im Buch der Offenbarung zu finden sind. Hier ist eine dieser Visionen:

> *»Und ich sah, und siehe, in der Mitte des Thrones und der vier lebendigen Wesen und inmitten der Ältesten stand ein Lamm, wie geschlachtet; Es hatte sieben Hörner und sieben Augen, welche die sieben Geister Gottes sind, die ausgesandt sind über die ganze Erde. Und Es kam und nahm das Buch aus der Rechten Dessen, der auf dem Thron saß.*
>
> *Und als Es das Buch nahm, fielen die vier lebendigen Wesen und die 24 Ältesten vor dem Lamm nieder, und sie hatten jeder eine Harfe und eine goldene Schale voll Räucherwerk; das sind die Gebete der Heiligen.*
>
> *Und sie sangen ein neues Lied, indem sie sprachen: Du bist würdig, das Buch zu nehmen und seine Siegel zu öffnen; denn Du bist geschlachtet worden und hast uns für Gott erkauft mit Deinem Blut aus allen Stämmen und Sprachen und Völkern und Nationen, und hast uns zu Königen und Priestern gemacht für unseren Gott, und wir werden herrschen auf Erden.*
>
> *Und ich sah, und ich hörte eine Stimme von vielen Engeln rings um den Thron und um die lebendigen Wesen und die Ältesten; und ihre Zahl war zehntausendmal zehntausend und tausendmal tausend; die sprachen mit lauter Stimme: Würdig ist das Lamm, das geschlachtet worden ist, zu empfangen Kraft und Reichtum und Weisheit und Stärke und Ehre und Ruhm und Lob!*
>
> *Und jedes Geschöpf, das im Himmel und auf der Erde und unter der Erde ist, und was auf dem Meer ist, und alles, was in ihnen ist, hörte ich*

sagen: Dem, der auf dem Thron sitzt, und dem Lamm gebührt das Lob und die Ehre und der Ruhm und die Macht von Ewigkeit zu Ewigkeit!

Und die vier lebendigen Wesen sprachen: Amen! Und die 24 Ältesten fielen nieder und beteten Den an, der lebt von Ewigkeit zu Ewigkeit.«

Offenbarung 5,6-14

KRÖNT IHN, KRÖNT UNSERN HERRN!

Crown Him with Many Crowns

Text: Matthew Bridges (1800–1894), Godfrey Thring (1823–1903)
Deutsch: Frank & Norma Huck

Melodie: George J. Elvey (1816–1893)

Preis sei dem Namen Jesus Christ

Originaltitel: All Hail the Power of Jesus' Name
Text: Edward Perronet (1726–1792)
Deutsch: Elli Ertner

1. Preis sei dem Namen Jesus Christ,
dem alles unterstellt,
der unser Herr und Retter ist –
krönt Ihn zum Herrn der Welt!

2. Die ihr in Christus seid erwählt
und als Sein Volk gezählt,
preist Seine Gnade, die euch hält,
krönt Ihn zum Herrn der Welt!

3. Ihr seid befreit, erkauft durch Ihn,
Sein Blut als Lösegeld.
Legt alles Ihm zu Füßen hin,
krönt Ihn zum Herrn der Welt!

4. Die ihr für Christus leidet hier,
Er tröstet, stärkt und hält.
Den Spross der Wurzel Isai,
krönt Ihn zum Herrn der Welt!

5. Aus jedem Volk und jedem Stamm
hier unterm Himmelszelt,
bringt Ehre, Ruhm dem Gotteslamm!
Krönt Ihn zum Herrn der Welt!

6. Oh, dass wir mit der großen Schar
bald sehn den Siegesheld!
Dann loben wir Ihn immerdar.
Krönt Ihn zum Herrn der Welt!

Das zentrale Thema dieses Liedes ist die Königsherrschaft Jesu. Weil Er König ist, ist Er des Lobes und der Verehrung jeder gläubigen Seele würdig – das ist der Interpretationsansatz dieses Liedes. Das zentrale Bildmuster, das dieses Thema unterstützt und trägt, ist die Symbolik des Königtums. Jede Strophe setzt diese Bilder auf vielfältige Weise ein und umrahmt dieses Muster mit der abschließenden Refrainzeile: »Krönt Ihn zum Herrn der Welt!« Die Gesten, mit denen dem König gehuldigt wird, sind den meisten Menschen heute fremd; aber anstatt den antiken Charakter dieser Bilder zu beklagen, sollten wir uns dem widmen, was wir tun, während wir Literatur aus einer vergangenen Epoche lesen – nämlich uns mit den Bräuchen vertraut zu machen, die früher üblich waren.

Da das zentrale Motiv so stark im Vordergrund steht, laufen wir nicht Gefahr, es aus den Augen zu verlieren. Was wir genauer betrachten möchten, sind die Variationen des zentralen Themas in der Reihenfolge, in der sie im Gedicht auftauchen: Alles – die gesamte Schöpfung – soll Jesus Christus zum Herrn der Welt krönen, weil Ihm alles unterstellt ist. Die Erwählten, die durch Gottes Gnade errettet wurden und bewahrt werden, sollen Jesus als den Höchsten krönen. Diejenigen, die für Ihn leiden und Seinen Trost empfangen, sollen Ihn als Herrn preisen. Menschen aus allen Völkern und Stämmen sollen Jesus die königliche Majestät zuschreiben. Die Gemeinschaft der Erlösten wird Jesus in der Ewigkeit im Himmel als Herrn würdigen. Das Lied besitzt somit eine angenehme Vielfalt und Ausführlichkeit innerhalb eines einheitlichen Rahmens, der ansonsten leicht eintönig wirken könnte.

Zwei verschiedene Abschnitte der Bibel fließen in das Gedicht ein und bestimmen dessen Form und Inhalt. Der eine ist das alttestamentliche Loblied von David, der Psalm 145. Das erkennen wir daran, dass das gesamte Gedicht eine Reihe von Aufforderungen enthält, Jesus Christus als König zu preisen, so wie der Psalm dazu auffordert, Gott den Herrn, zu preisen.

Zweitens gibt das Loblied von David Gründe an, warum wir Gott lobpreisen sollten; in diesem Gedicht finden wir die Gründe für den Lobpreis Gottes wieder.

Schließlich stellen zahlreiche Psalmen (nicht nur der Psalm 145) Gott als König nicht nur der Israeliten, sondern auch des Universums dar – ein Motiv, das dieses Gedicht in seinem wiederholten Ausdruck »Herr der Welt« aufgreift.

Zusätzlich ist dieses Gedicht mehreren Szenen im Thronsaal des Buches der Offenbarung nachempfunden (siehe z. B. Off. 4; 5,6-14; 7,9-17). Diese himmlischen Visionen sind von denselben Bildern erfüllt, die wir in diesem hymnischen Gedicht vorfinden: Bilder von einem Thron, von der Anbetung vor dem Thron, von der Ehre, die man Gott zuschreibt, der auf dem Thron sitzt, und so weiter. In dem Gedicht ist der Akt der Krönung natürlich ein bildlicher Akt, der bedeutet, dass jeder Einzelne Gott Hingabe und Ehre erweisen und Ihn in eine Vorrangstellung erheben soll. Auf dieser persönlichen Ebene erhält die Refrainzeile »Krönt Ihn zum Herrn der Welt!« neben der bereits erwähnten universalen Königsherrschaft Christi eine zweite Bedeutung: Jesus zum »Herrn der Welt« zu krönen bedeutet, Ihn zum Herrn über alles im eigenen Leben zu machen.

Dieses Lied enthält eine Reihe von Aufforderungen, Jesus als König zu verherrlichen. Philipper 2,9-11 betont, dass Gott der Vater Jesus ebenfalls in eine Position von höchster Würde erhoben hat:

> *»Darum hat Ihn Gott auch über alle Maßen erhöht und Ihm einen Namen verliehen, der über allen Namen ist, damit in dem Namen Jesu sich alle Knie derer beugen, die im Himmel und auf Erden und unter der Erde sind, und alle Zungen bekennen, dass Jesus Christus der Herr ist, zur Ehre Gottes, des Vaters.«*

PREIS SEI DEM NAMEN JESUS CHRIST

All Hail the Power of Jesus' Name

Text: Edward Perronet (1726–1792)
Deutsch: Elli Ertner

Melodie: Oliver Holden (1765–1844)

5. Aus jedem Volk und jedem Stamm
hier unterm Himmelszelt,
‖: bringt Ehre, Ruhm dem Gotteslamm!
Krönt Ihn zum Herrn der Welt! :‖

6. Oh, dass wir mit der großen Schar
bald sehn den Siegesheld!
‖: Dann loben wir Ihn immerdar.
Krönt Ihn zum Herrn der Welt! :‖

Wenn Gott der Schöpfer
des gesamten Universums ist,
dann muss daraus folgen,
dass Er der Herr des gesamten
Universums ist. Kein Teil der Welt
befindet sich außerhalb Seiner
Herrschaft. Das bedeutet, dass auch
kein Teil meines Lebens außerhalb
Seiner Herrschaft liegen darf.

R.C. SPROUL

Erhebet den Herrn

Originaltitel: O Worship the King
Text: Sir Robert Grant (1779–1838)
Deutsch: Elli Ertner

1. Erhebet den Herrn, den König verehrt!
Er hat durch Sein Werk uns Gnade gewährt;
der Schild und Beschützer, der ewige Gott,
gekleidet in Pracht und umgürtet mit Lob.

2. Erzählt von der Macht, die niemals zerbricht!
Im Himmel thront Er, gekleidet in Licht.
Das himmlische Heer folgt nur Seinem Befehl,
ja, all Seine Engel, sie tun, was Er will.

3. Die Erde – das Land, die Berge, das Meer –
hat Er einst gemacht, allmächtig ist Er.
Er hat sie befestigt im Anfang der Zeit,
sie weise geordnet, dass Leben gedeiht.

4. Er schenkt uns die Luft, das Ernten und Säen –
wer kann das Erbarmen Gottes verstehn?!
Es strömt von den Hügeln in Täler hinab,
lässt Regen und Tau auf die Erde herab.

5. Wir Menschen aus Staub, gering und verzagt,
vertrauen auf Dich, der niemals versagt.
Wie groß Deine Gnade, sie bleibt allezeit,
Du Schöpfer, Beschützer, Erlöser und Freund!

6. Wie sind Deine Macht und Liebe so groß,
dass Du Dich geneigt zu uns, arm und bloß!
Den Herrn will ich lieben, solange ich bin,
mit all meinem Herzen, Kraft, Seele und Sinn.

Dieses Gedicht ist ein Loblied – eine literarische Gattung, die direkt aus den alttestamentlichen Psalmen stammt. Es enthält mehrere Hauptmerkmale jener Gattung, darunter einen Aufruf zum Lobpreis, eine Aufzählung lobenswerter göttlicher Taten und die Verwendung erhabener Gottesbezeichnungen.

Die erste Zeile gibt die Richtung für das gesamte Gedicht vor: Sie identifiziert Denjenigen, um den es in diesem Gedicht geht, als einen herrlichen und überragenden König und legt den Zweck des Gedichts fest: die Anbetung bzw. Verehrung des Königs. Diese beiden Aspekte spiegeln sich in den Pronomen wider, die für Gott verwendet werden: In den ersten vier Strophen wird in der dritten Person, entsprechend Seiner Erhabenheit, auf Gott Bezug genommen, und im Rest des Gedichts wird Gott direkt angesprochen, in einer persönlichen, anbetenden Haltung.

Die einleitende Strophe ist eine Einführung in die erhabene Stellung Gottes als König und in das Thema der Anbetung und des Lobpreises, das sich im gesamten Lied entfaltet. Gott wird für Seine Gnade gepriesen, die Er Seinem Volk durch das Erlösungswerk gewährt hat. Er ist ein Schild und Beschützer. Er ist ewig und majestätisch. Er ist allmächtig. Er ist Licht. Er ist über Seine Engel erhaben. Wir sehen Seine Herrlichkeit durch Seine in Weisheit bereitete

Schöpfung, Seine Vorsehung gegenüber der Schöpfungsordnung und Gottes väterliche Versorgung der gefallenen Menschheit. Die abschließende Strophe rundet das Gedicht mit einem Schlussvermerk ab und entspricht der ersten, in der die heilige Erhabenheit verherrlicht wird und die Antwort der gläubigen Seele im Lobpreis zum Ausdruck kommt.

Der Dichter verwendet hauptsächlich die Natur, um die Größe, Majestät und Macht Gottes zu verdeutlichen. Dabei nutzt er die Natur auch als Metapher – Gott ist gekleidet in Licht, Sein Erbarmen strömt von den Hügeln in die Täler hinab.

Ein zusätzliches stilistisches Merkmal sind die Gottesbezeichnungen, die Ihn verherrlichen und Ihn gleichzeitig charakterisieren: »Schild und Beschützer«, »Schöpfer«, »Erlöser und Freund«.

Die ersten drei Strophen dieses Liedes kommen uns irgendwie bekannt vor. Das liegt daran, dass sie dem Anfang von Psalm 104 (einer naturbezogenen Dichtung) nachempfunden sind:

> *»Lobe den HERRN, meine Seele! HERR, mein Gott, Du bist sehr groß; mit Pracht und Majestät bist Du bekleidet, Du, der sich in Licht hüllt wie in ein Gewand, der den Himmel ausspannt wie eine Zeltbahn, der sich Seine Obergemächer zimmert in den Wassern, der Wolken zu Seinem Wagen macht und einherfährt auf den Flügeln des Windes, der Seine Engel zu Winden macht, Seine Diener zu Feuerflammen.*
>
> *Er hat die Erde auf ihre Grundfesten gegründet, dass sie nicht wankt für immer und ewig.*
>
> *Mit der Flut decktest Du sie wie mit einem Kleid; die Wasser standen über den Bergen.«*
>
> *Psalm 104,1-6*

ERHEBET DEN HERRN

O Worship the King

Text: Sir Robert Grant (1779–1838)
Deutsch: Elli Ertner

Melodie: J. Michael Haydn (1737–1806)

5. Wir Menschen aus Staub, gering und verzagt,
vertrauen auf Dich, der niemals versagt.
Wie groß Deine Gnade, sie bleibt allezeit,
Du Schöpfer, Beschützer, Erlöser und Freund!

6. Wie sind Deine Macht und Liebe so groß,
dass Du Dich geneigt zu uns, arm und bloß!
Den Herrn will ich lieben, solange ich bin,
mit all meinem Herzen, Kraft, Seele und Sinn.

Wer ist dieser König
der Herrlichkeit?
Es ist der Herr, der Starke
und Mächtige, der Herr,
der Held im Streit!

PSALM 24,8

Komm, Du Quelle

Originaltitel: Come Thou Fount
Text: Robert Robinson (1735–1790)
Deutsch: Theodor Kübler (1832–1905), Elli Ertner

1. Komm, Du Quelle allen Segens,
füll mein Herz mit Deinem Preis!
Ströme Deines Gnadenregens
fordern lauten Dankbeweis.
Lehr mich, Herr, Dich recht zu loben,
Majestät in Heiligkeit,
sei gepriesen und erhoben,
starker Fels, für allezeit!

2. Ich richt auf mein Eben-Eser:
Herr, Du halfst mir bis hierher!
Zwischen mir und Dir, Erlöser,
gibt es keine Trennung mehr.
Jesus, Du, mein guter Hirte,
Du sahst meinen blinden Sinn,
suchtest mich, Herr, das Verirrte,
gabst Dein Blut und Leben hin.

3. Welch ein großer Schuldner bleib ich,
leb aus Gnade Tag für Tag!
Deine große Gnade zieht mich
hin zu Dir und macht mich stark.
Ich bin schwach, o Herr, ich brauch Dich,
irre schnell und werd versehrt.
Herr, mit Deinem Geiste füll mich,
dass mein Leben Dich verehrt!

4. Welch ein Tag, wenn frei von Sünde
ich Dein Angesicht einst seh!
Ich dann rein und ohne Schande
nur aus Gnade vor Dir steh.
Komme bald, um zu vollenden
Deine bluterkaufte Schar!
Trage sie mit starken Händen,
bis sie bei Dir immerdar!

Wenn wir etwas über den Autor und die Umstände wissen, die zur Entstehung dieses Liedes geführt haben, verstehen wir ein wenig mehr von Seinem Schmerz, als er sinngemäß schrieb: »Welch ein großer Schuldner bleib ich«, und: »Ich bin schwach, o Herr, ich brauch Dich, irre schnell und werd versehrt.«

Robert Robinson, ein protestantischer (nicht anglikanischer) Prediger, war in seinen späten Teenagerjahren ein Herumtreiber auf den Straßen Londons, der mit einer Bande von Kleinkriminellen umherzog. Im Alter von neunzehn Jahren hörte er eine Predigt von George Whitefield über Matthäus 3,7 (mit der Warnung, dem zukünftigen Zorn zu entfliehen) und bekehrte sich. Nur zwei Jahre nach seiner Bekehrung, im Jahr 1757, verfasste er dieses bekannte Lied.

Die Bitte an den Herrn, zu kommen, findet sich in vielen Liedern wieder. Hinter solchen Aufforderungen oder Bitten steht häufig eine Haltung des Verlangens, ein erwünschtes Ziel zu erreichen, das der Dichter oder Sänger selbst, aus eigener Kraft, nicht erreichen kann. Wenn wir darüber nachdenken, was das Verlangen des Dichters in der ersten Strophe dieses Liedes ist, das er selbst nicht zu erreichen vermag, sind wir vielleicht etwas überrascht. Der Redner richtet seine Bitte an die »Quelle allen Segens«, die Gott ist. Doch was wünscht der Redner von Gott? Er bittet: »Füll mein Herz mit Deinem Preis!« – er wünscht, mit dem Lob Gottes erfüllt zu sein. Das, was er einst vor dem Thron Gottes, frei von Sünde und in vollkommener Weise, tun wird, möchte er jetzt schon lernen. Sein Herz wird leicht von der Anbetung Gottes abgelenkt, sie kann oft sehr oberflächlich sein; darum möchte er vom Herrn Selbst belehrt werden, Ihn recht zu loben. Er weiß, dass sein eigenes Lob nichts wert ist, wenn der Herr es ihn nicht lehrt.

Die zweite Strophe wechselt das Thema völlig, da sie beschreibt, wie der Sprecher (und jeder Erlöste) zum Glauben an Jesus als seinem Retter gekommen ist. Dies ist nichts weniger als ein Wunder – eine Rettung, die dadurch ermöglicht wird, dass Jesus Sein kostbares Blut und Leben für uns hingegeben hat.

Ein Eben-Eser aufzurichten, ist eine Anspielung auf ein bekanntes biblisches Ereignis, das in 1. Samuel 7 aufgezeichnet ist. Als Gott die Israeliten aus einem Angriff der Philister erlöst hatte, stellte Samuel einen Stein auf, den er »Eben-Eser« nannte (»Stein der Hilfe«), und er sagte: *»Bis hierher hat der HERR*

uns geholfen!« *(V. 12)*. Ein Eben-Eser aufzurichten bedeutet also, dankbar auf das zurückzublicken, was Gott in unserem Leben bis zum gegenwärtigen Zeitpunkt bewirkt hat.

Die dritte Strophe beinhaltet ebenfalls ihr eigenes Thema, nämlich eine Betrachtung darüber, wie viel wir der Gnade Gottes zu verdanken haben, und sie schließt die Bitte an Gott ein, uns mit Seinem Geist zu füllen, sodass wir im Geist leben und dass unser Leben Ihn verherrlicht.

Die vierte Strophe ist voller Vorfreude und Erwartung auf jenen Tag, an dem die Gläubigen einen neuen, sündlosen Leib bekommen und ihren Retter sehen werden, der sie mit Seinem kostbaren Blut erkauft hat.

Die Gesamtausrichtung dieses Liedes besteht darin, das zu preisen, was Gott für die Sünder getan hat, und die Dankbarkeit auszudrücken, die sie für ihre Befreiung empfinden. Epheser 2,4-7 enthält den gleichen Grundton:

> *»Gott aber, der reich ist an Erbarmen, hat um Seiner großen Liebe willen, mit der Er uns geliebt hat, auch uns, die wir tot waren durch die Übertretungen, mit dem Christus lebendig gemacht – aus Gnade seid ihr errettet! –, und hat uns mitauferweckt und mitversetzt in die himmlischen [Regionen] in Christus Jesus, damit Er in den kommenden Weltzeiten den überschwänglichen Reichtum Seiner Gnade in Güte an uns erweise in Christus Jesus.«*

KOMM, DU QUELLE

Come Thou Fount

Text: Robert Robinson (1735–1790)
Deutsch: Theodor Kübler (1832–1905), Elli Ertner

Melodie: John Wyeth's Respository of Sacred Music (1813)

Deine schlimmsten Tage sind nie so schlimm, dass du außerhalb der Reichweite von Gottes Gnade bist. Und deine besten Tage sind nie so gut, dass du außerhalb deiner Bedürftigkeit nach Gottes Gnade stehst.

JERRY BRIDGES

Liebe Gottes, unvergleichlich

Originaltitel: Love Divine, All Loves Excelling
Text: Charles Wesley (1707–1788)
Deutsch: Niko Derksen

1. Liebe Gottes, unvergleichlich,
die uns einst errettet hat,
die Du wohnst in unsren Herzen
und uns krönst mit Deiner Gnad:
Jesus, Du bist reine Liebe,
Du bist ganz Barmherzigkeit,
Du heilst die zerbrochnen Herzen
und wirkst wahre Heiligkeit.

2. Schenkst Gewissheit, Herr, der Seele,
die in Angst gefangen ist,
jeden Morgen neue Gnade,
die uns Ruhe finden lässt.
Herr und Gott, Du bist vor allem
Alpha und Omega hier,
Glaubensanfang und auch -ende –
Preis und Lob, Anbetung Dir!

3. Du kommst immer uns zur Hilfe,
schenkst uns Kraft, die Du verheißt,
reinigst durch Dein Wort die Herzen
und gibst einen festen Geist.
Unsre Zunge soll Dich rühmen
für die Gnade, die Du gibst.
Herr, Du gabst für uns Dein Leben!
Preis sei Dir, dass Du uns liebst!

4. Du kommst bald als Herr und König
und vollendest Deine Braut,
dass sie dann, in Dir vollkommen,
sündlos Dich, den Retter, schaut.
Ganz in Herrlichkeit verwandelt
ist dann alles um uns her.
Staunend blicken wir schon heute
auf Dein weites Gnadenmeer.

Dieses Lied gehört zu den bekanntesten Liedern von Charles Wesley. Es ist in die Form eines Gebetes gekleidet und enthält in jeder Strophe ein anderes Thema. Wie viele geistliche Lieder, richtet sich auch dieses an die Dreieinigkeit Gottes – an den Vater, den Sohn und den Heiligen Geist.

Die erste Strophe dieses Gedichts besteht aus einer Reihe von »Epitheta«[1], mit denen der Herr eingangs angesprochen wird. Sie verherrlichen Jesus in einer so hinreißenden Sprache, dass sie uns zu der Annahme verleiten könnten, dieses umfangreiche Gebet sei ein Lobpreis-Gedicht. Aber das ist es nicht. Abgesehen von den einleitenden Zeilen ist dieses Gedicht ein umfangreiches Gebet, bei dem der Dichter sich auf Verheißungen Gottes beruft, wie Er an Seinen Kindern zu handeln verspricht. Der Dichter ist nicht einfach ein Anbeter, der Gott lobpreist, sondern eher der zuversichtliche Beter, der sich an Gott wendet und Ihm vertrauensvoll Sein Wort vorhält. Wenn wir dies einmal im Blick haben, eröffnen sich uns mehrere Ansätze der Betrachtung und Analyse.

Der eine besteht darin, eine Liste der Dinge zusammenzustellen, die Gott wirkt und die der Dichter erwähnt. Die Liste ist vielseitig, da jede Zeile oder jedes Zeilenpaar ein eigenes Bedürfnis ausdrückt, das Gott stillt. Dann können wir damit fortfahren, nach Gruppen von verwandten Themen zu suchen. Beispiele dafür sind: Gottes Gnade für den Sünder, die Heiligung und die Gegenwart Gottes in der momentanen Lebenssituation.

Das Gedicht spricht von »zerbrochnen Herzen« und einer »Seele, die in Angst gefangen ist«. Was schließen wir daraus? Der Gläubige befindet sich in einem Zustand, in dem er Gnade benötigt.

Das Gedicht zeichnet aber auch ein Porträt Gottes. Das Gemüt des Sprechers ist emotional aufgeladen, und dementsprechend finden wir beeindruckende Aussagen über die Liebe Gottes und über die überwältigende Natur Seiner Gnadenerweise im menschlichen Herzen, und dass Er es würdig ist, auf Erden und im Himmel angebetet zu werden.

Als eine Nebenbemerkung zu diesem kraftvollen Ton könnte man die Suche des Gedichts nach Superlativen erwähnen. Der Dichter beruft sich darauf, dass der Herr die Gläubigen mit Gnade *krönt, tägliche* Ruhe durch die Gnade

1 Sprachlicher Zusatz in Form eines Attributs, das auch als Beiname für Gott auftreten kann.

schenkt, *Vollender* des Glaubens ist, ihnen *immer* zu Hilfe kommt. Der Dichter drückt aus, welch eine Zukunft er erwartet: Vollendet, in Christus vollkommen, sündlos in einer herrlichen zukünftigen Welt Ihn zu schauen.

Wenn wir dieses Gedicht nachdenklich und langsam lesen, erinnert uns fast jede Zeile an einen oder mehrere Bibelverse. Diese Vielfalt erschwert die Wahl eines dazu passenden Bibelabschnitts, aber die folgenden Bitten aus Psalm 51 laufen parallel zu Wesleys Gedicht:

> *»O Gott, sei mir gnädig nach Deiner Güte …*
>
> *Erschaffe mir, o Gott, ein reines Herz, und gib mir von Neuem einen festen Geist in meinem Innern! Verwirf mich nicht von Deinem Angesicht, und nimm Deinen heiligen Geist nicht von mir. Gib mir wieder die Freude an Deinem Heil, und stärke mich mit einem willigen Geist!«*
>
> *Psalm 51,3.12-14*

LIEBE GOTTES, UNVERGLEICHLICH

Love Divine, All Loves Excelling

Text: Charles Wesley (1707–1788)
Deutsch: Niko Derksen

Melodie: John Zundel (1815–1882)

Es gibt nichts,
was ein Christ tun kann,
damit Gott ihn mehr
oder weniger liebt.
Gottes Liebe zu Seinem
Volk ist unendlich und
bedingungslos.

JOHN BLANCHARD

Wie ein Fluss, so herrlich

Originaltitel: Like a River Glorious
Text: Frances R. Havergal (1836–1879)
Deutsch: Elli Ertner

1. Wie ein Fluss, so herrlich Gottes Gnade ist,
die aus Seiner Treue unermüdlich fließt,
schenkte mir einst Frieden, Ruhe tief und wahr,
gibt mir Trost und Hoffnung, Wachstum immerdar.

Refrain:
Auf dem Herrn gegründet, darf getrost ich ruhn.
Was Er uns verheißen, wird Er sicher tun.

2. Bei dem Herrn geborgen, fest in Seiner Hand,
kann kein Feind mir schaden – niemand hält Gott stand.
Ja, Sein Friede trägt die Angst und Sorgen fort,
tröstet, stärkt, ermutigt – welch ein Ruheort!

3. Alles kommt vom Vater – Freude und auch Leid –,
der in großer Liebe trägt durch diese Zeit.
Ich kann Ihm vertrauen, dass Er alles schenkt,
ewig, treu und mächtig ist Er, der mich lenkt.

Der richtige Weg, sich den literarischen Reichtum dieses Liedes anzueignen, ist die Anwendung eines archetypischen Ansatzes. Archetypen sind die universellen Musterbilder, die in der gesamten Literatur wiederkehren. Sie sind nichts weniger als die Bausteine literarischer Vorstellungskraft. Aber der Grund, warum sie in der Literatur immer wiederkehren, ist, dass sie die Grundlage des Lebens in der realen Welt bilden.

Der erste Archetyp, dem wir in diesem Gedicht begegnen, ist der ruhig dahinfließende Fluss. Ausgangspunkt für die Analyse eines Archetyps ist die Besinnung auf unsere eigenen Erfahrungen mit diesem Archetyp, in diesem Fall dem sanft fließenden, lebensspendenden Fluss. Welche Gefühle werden in uns wachgerufen, wenn wir an einem ruhig dahinfließenden Fluss vorbeigehen oder ihn auf einer Brücke überqueren? Nachdem wir dies bedacht haben, können wir darüber nachdenken, welche Eigenschaften eines Flusses diese Gefühle hervorrufen. Die Details, mit denen Frances Havergal den Fluss in ihrer Eröffnungsstrophe umgibt, dienen als Leitfaden für diese Analyse.

Nachdem wir eine Bestandsaufnahme unserer eigenen Lebenserfahrungen mit dem archetypischen Fluss gemacht haben, besteht unser nächster Schritt darin, diesen Archetyp in unsere literarische Erfahrung als Ganzes einzubeziehen. Wir sollten mit der Bibel beginnen, denn sie ist der hauptsächliche Fundort der literarischen Archetypen unserer Vorstellungswelt. Wir erinnern uns an den Fluss, dessen Ströme die Stadt Gottes in Psalm 46,5 frohlocken lassen, bis zu den stillen Wassern von Psalm 23,2 und bis zu dem Fluss, der vom Thron Gottes aus fließt und an dessen Seiten der Baum des Lebens steht (siehe Off. 22,1-2; vgl. Hes. 47).

Die zweite Strophe des Gedichts ist um den archetypischen, sicheren Ruheort herum aufgebaut. Diese Strophe stellt uns den von Gott geschenkten Ruheort vor Augen, und wir können darüber nachdenken, an welchen Orten wir uns besonders geschützt fühlen – geschützt vor Bedrohungen unserer Sicherheit und unseres Wohlergehens. Auch in dieser Strophe hilft der Autor uns, die Dimensionen des archetypischen sicheren Ortes und die Bedrohungen, die einen solchen Zufluchtsort notwendig machen, zu entdecken.

Auch die dritte Strophe enthält gewissermaßen einen Archetyp, nämlich den Vater – das ultimative Vorbild des Vaters. Jesus sagte: *»Wenn nun ihr, die ihr böse seid, euren Kindern gute Gaben zu geben versteht, wie viel mehr wird euer Vater im*

Himmel denen Gutes geben, die Ihn bitten!« (Mt. 7,11). Ein Vater sorgt für sein Kind, trägt es zärtlich, wenn es müde geworden ist, oder wenn sie durch einen dunklen Wald gehen und es Angst hat. Er achtet auf die Einflüsse, die auf das Kind einwirken können, und versucht es von allem abzuschirmen, was es (noch) nicht ertragen kann. Wie unvergleichlich viel mehr sorgt unser Vater im Himmel für Seine Kinder!

Dieses Gedicht ist in seinen Aussagen über Vertrauen und Ruhe so überschwänglich, dass wir uns natürlich fragen, ob sie nicht allzu leichtfertig oder unbedacht seien. An dieser Stelle kommt der biografische Kontext dieses Gedichts ins Spiel. Die Autorin litt praktisch ihr ganzes Leben lang, zweiundvierzig Jahre, unter einer schwachen Gesundheit. In den zwei Jahren, bevor dieses Gedicht 1876 geschrieben wurde, erlebte sie folgende Nöte:

Sie wäre beinahe an einer langwierigen Krankheit, die sie sich auf einer Reise nach Wales zugezogen hatte, gestorben;

ihre finanziellen Aussichten wurden beeinträchtigt, als ein amerikanischer Verleger Konkurs anmeldete, der geplant hatte, ihre Schriften in den Vereinigten Staaten zu verbreiten, und der die alleinigen Rechte daran besaß;

das einzige Exemplar eines von ihr verfassten, veröffentlichungsreifen Buches ging in einem Feuer unter.

Dieses Lied umfasst viele Verse aus der Bibel. Neben Jesaja 26,3 – *»Einem festen Herzen bewahrst Du den Frieden, den Frieden, weil es auf Dich vertraut«* – ist Jesaja 66,12 besonders relevant:

> *»Denn so spricht der HERR: Siehe, Ich will den Frieden zu ihr hinleiten wie einen Strom und die Herrlichkeit der Heidenvölker wie einen überfließenden Bach …«*

WIE EIN FLUSS, SO HERRLICH

Like a River Glorious

Text: Frances R. Havergal (1836–1879)
Deutsch: Elli Ertner

Melodie: James Mountain (1844–1933)

Der Friede Gottes bewirkt,
dass man dankbar für
Seine in der Vergangenheit
erfahrene Barmherzigkeit ist,
sich Seiner gegenwärtigen
Barmherzigkeit bewusst ist
und sich Seiner zukünftigen
Barmherzigkeit sicher ist.

JOHN BLANCHARD

In Christus ist mein ganzer Halt

Originaltitel: In Christ Alone
Text: Keith Getty, Stuart Townend
Deutsch: Guido Baltes

1. In Christus ist mein ganzer Halt.
Er ist mein Licht, mein Heil, mein Lied,
der Eckstein und der feste Grund,
sicherer Halt in Sturm und Wind.
Wer liebt wie Er, stillt meine Angst,
bringt Frieden mir mitten im Kampf?
Mein Trost ist Er in allem Leid.
In Seiner Liebe find ich Halt.

2. Das ewge Wort, als Mensch geborn,
Gott offenbart in einem Kind!
Der Herr der Welt, verlacht, verhöhnt
und von den Seinen abgelehnt.
Doch dort am Kreuz, wo Jesus starb
und Gottes Zorn ein Ende fand,
trug Er die Schuld der ganzen Welt.
Durch Seine Wunden bin ich heil.

3. Sie legten Ihn ins kühle Grab;
Dunkel umfing das Licht der Welt.
Doch morgens früh, am dritten Tag,
wurde die Nacht vom Licht erhellt.
Der Tod besiegt, das Grab ist leer,
der Fluch der Sünde ist nicht mehr,
denn ich bin Sein, und Er ist mein!
Mit Seinem Blut macht Er mich rein.

4. Nun hat der Tod die Macht verlorn;
ich bin durch Christus neu geborn!
Mein Leben liegt in Seiner Hand
vom ersten Atemzuge an.
Und keine Macht in dieser Welt
kann mich Ihm rauben, der mich hält,
bis an das Ende dieser Zeit,
wenn Er erscheint in Herrlichkeit.

Dieses Lied ist wegen seiner erhabenen Klangfarbe und seines vielfältigen, das ganze Evangelium umfassenden Inhalts beachtenswert. Es wird hier etwas Großartiges besungen, und dementsprechend schnell werden wir von der Fülle des Dargestellten ergriffen. Die beiden Themen des Liedes sind das, was Christus vollbracht hat, und die Gewissheit, die diese Verdienste in das Leben der Dichter gebracht haben. Das Lied blickt also sowohl nach außen, auf das erlösende Leben und Werk Christi, als auch nach innen, auf den Verstand, die Gefühle und das Leben der Autoren. Natürlich lassen wir als Leser gern zu, dass die Empfindungen der Dichter auch uns ergreifen.

Der auf Christus gelegte Fokus des Liedes wird durch die einleitende Formulierung signalisiert: »In Christus …«

Die Strophenanordnung eines jeden Gedichtes ergibt eine Gliederung des Inhalts in verschiedene Schwerpunkte; und in diesem Gedicht sind die Schwerpunkte sehr deutlich. In der einleitenden Strophe wird in groben Zügen und allgemeinen Bildern gepriesen, was Christus vollbracht hat und was dies für das Leben des Redners bedeutet. Die mittleren beiden Strophen sind spezifischer und handeln von dem erlösenden Leben, dem Tod und der Auferstehung Jesu. Die letzte Strophe verlagert den Fokus von dem, was Christus vollbracht hat, auf dessen Auswirkungen auf das Leben des Gläubigen. Sie ist eine Strophe, in der es um die Anwendung des vollbrachten Erlösungswerkes geht – ein Lied der Zuversicht und eine Erinnerung an das, was der Gläubige in Christus besitzt.

Schriftsteller vermitteln ihren Schülern die Maxime, dass die Aufgabe eines Schriftstellers darin besteht, »zu zeigen, statt zu erzählen«, d. h. ein Thema in konkreten Bildern zu verkörpern. Die poetische Textur dieses Gedichts besteht aus Bildern und Sprachfiguren, und die Aufgabe, die dem Leser damit gestellt wird, besteht darin, die Bedeutungen der Bilder zu entschlüsseln.

Jeder, der mit der antiken Literatur (die Psalmen inbegriffen) vertraut ist, kann auf einen Blick erkennen, dass die Gattung dieses Liedes ein Siegeslied ist (das auch »Lied der Danksagung« genannt wird). Solche Gedichte verkörpern in der Tat ein Feiern des Sieges auf einen Kampf hin. Psalm 18 ist ein Beispiel dafür. In dieser Gattung von Liedern gibt es immer einen zuversichtlichen Klang, der in eine Gattung übergeht, die als »Rühmen« bekannt ist. Dieses Gedicht ist ein »Sich-Rühmen« in der Art von Paulus' Aussage,

dass er sich *»rühmen [will] ... des Kreuzes unseres Herrn Jesus Christus« (Gal. 6,14).*

Dieses Gedicht zeigt die Schätze auf, die ein Gläubiger in Christus besitzt: das Erlösungswerk Christi und die daraus resultierenden Segnungen im Leben des Gläubigen. Der sogenannte Danksagungsabschnitt, der am Anfang der neutestamentlichen Briefe erscheint, ist ebenfalls eine Beschreibung der Reichtümer, die ein Gläubiger in Christus besitzt:

> *»Gepriesen sei der Gott und Vater unseres Herrn Jesus Christus, der uns gesegnet hat mit jedem geistlichen Segen in den himmlischen [Regionen] in Christus ...*
>
> *In Ihm haben wir die Erlösung durch Sein Blut, die Vergebung der Übertretungen nach dem Reichtum Seiner Gnade, die Er uns überströmend widerfahren ließ in aller Weisheit und Einsicht.«*
>
> *Epheser 1,3.7-8*

IN CHRISTUS IST MEIN GANZER HALT

In Christ Alone

Deutsch: Guido Baltes

Text und Melodie:
Keith Getty, Stuart Townend

Der Kern des Evangeliums ist die Erlösung, und das Wesen der Erlösung ist das stellvertretende Opfer Christi.

C.H. SPURGEON

Fels des Heils

Originaltitel: Rock of Ages
Text: Augustus M. Toplady (1740–1778)
Deutsch: Ernst H. Gebhardt (1832–1899), Elli Ertner

1. Fels des Heils, geöffnet mir,
birg mich sicher, Herr, in Dir!
Lass in Deiner Gnad das Blut,
das den Deinen floss zugut,
meiner Seele Heilung sein
von der Sündenschuld und -pein.

2. Dem, was Dein Gesetze spricht,
kann mein Werk genügen nicht.
Mag ich ringen, wie ich will,
fließen Tränen auch sehr viel,
tilgt das nicht die Sünden mein;
Du kannst retten, Du allein!

3. Da ich Dir nichts bringen kann,
fliehe ich zum Kreuze dann:
arm und bloß, bedecke mich;
hilflos, ach, erbarme Dich!
Unrein, Herr, flieh ich zu Dir,
wasche mich, schenk Frieden mir!

4. Wenn der letzte Morgen tagt,
meine Lebenskraft versagt,
wenn durchs Todestal ich geh,
wenn ich vor dem Richter steh –
Fels des Heils, geöffnet mir,
birg mich sicher, Herr, in Dir!

Eine Reihe der Lieder in diesem Sammelband sind untrennbar mit den Umständen ihrer Entstehungsgeschichte verbunden. »Fels des Heils« ist eines davon. Die Geschichte, mit der das Lied in Verbindung gebracht wird, ist zwar nicht historisch belegt, aber sie gehört zu den Erzählungen, die das Gedicht umgibt. Der Erzählung nach war der Autor, damals ein junger Christ, auf einer Straße in der Nähe seines Dorfes unterwegs, als ein Unwetter aufzog. Er ist in eine Senke oder Höhle in den Klippen eines felsigen Hügels abgestürzt. Im Schutz dieser Felsenhöhle soll dieses Lied entstanden sein.

Die literarische Grundlage, auf der Augustus Toplady dieses Lied aufgebaut hat, ist der archetypische Fels. Wir stellen uns unwillkürlich einen Felsenhügel mit einem vertikalen Spalt oder einer Kluft vor, die nach hinten hin eine Höhle bildet. Der Fels ist ein herausragender biblischer Archetyp und eine Metapher für Gott, die Seine Unveränderlichkeit, Beständigkeit und Majestät veranschaulicht. Darüber hinaus kann eine Felsenhöhle Schutz vor Hitze oder Sturm bieten. Es lassen sich zahlreiche biblische Hinweise auf Gott als Felsen und auf die durch einen Felsen gewährte Rettung finden; aber für die Zwecke dieses Gedichts ist ein besonders wichtiger Hinweis der von Gott geöffnete Felsen, aus dem das Wasser für das dürstende Volk Israel in der Wüste floss (2.Mo. 17,1-6).

Das Gedicht holt aus der Bildsprache des »geöffneten« Felsens ein Maximum an Aussagekraft heraus. Der Sprecher hält sich an den Wänden des sich ihm geöffneten Felsens fest. Dieser Felsen schützt ihn (Strophe 1 und 4); zu dem am Kreuz geöffneten »Felsen« Jesus Christus kann der Sünder fliehen und wird durch Sein Blut gereinigt (Strophe 3).

Wenn wir die Bildmuster näher unter die Lupe nehmen, beginnen wir ihre Bedeutung und ihre Anspielung auf biblische Ereignisse zu erkennen. So werden wir an das Blut erinnert, das aus Jesu Körper floss, als Er am Kreuz gestorben war und die Bitte an den Herrn um Reinigung: »Wasche mich, schenk Frieden mir!« Außerdem sollten wir auf die Bilder achten, mit denen der Autor seine geistlichen Erfahrungen darstellt: Fels des Heils, birg mich sicher, fließende Tränen, Armut und Blöße, Bedeckung, Todestal, vor dem Richter stehen.

Wenn wir uns von dieser komplexen poetischen Textstruktur dem groben Aufbau des Gedichts zuwenden, finden wir Folgendes: Die Zeilenpaare am Anfang und am Ende sind identisch und dienen dem Gedicht quasi als »Buchstützen«.

Nach der zweizeiligen Einleitung ist der Rest der Anfangsstrophe ein Gebet um Reinigung von der Sünde auf der Grundlage des Sühnetodes Jesu am Kreuz.

Die zweite Strophe erklärt, warum das Sühnewerk Christi notwendig ist: wegen der Unfähigkeit des Menschen, durch seine eigenen Werke das Heil zu erlangen.

Die dritte Strophe richtet den Fokus von unserer Unfähigkeit, das Gesetz zu erfüllen, auf die verdorbene Natur des Sünders und betont, wie »hilflos« und »unrein« er ist.

Die letzte Strophe nimmt eine eschatologische Wende, indem sie unseren Blick auf den Tod und schließlich auf das Jüngste Gericht lenkt.

Wie die meisten geistlichen Lieder ist auch dieses so einfach und klar, dass jede gläubige Seele es verstehen und darin Belehrung und Trost finden kann (Kol. 3,16). Und doch besitzt es einen verborgenen poetischen Reichtum, der zum Vorschein kommt, wenn wir aufmerksam darüber nachsinnen.

Das Anfangs- und Schlussbild eines vielsagenden »Felsen des Heils« übt im ganzen Lied eine beherrschende Präsenz aus, auch wenn es nur am Anfang und am Ende explizit erwähnt wird. Auch Psalm 18,3 zeugt von der Kraft des Bildes von Gott als einem Felsen:

> *»Der HERR ist mein Fels, meine Burg und mein Retter; mein Gott ist mein Fels, in dem ich mich berge, mein Schild und das Horn meines Heils, meine sichere Festung.«*

FELS DES HEILS

Rock of Ages

Text: Augustus M. Toplady (1740–1778)
Deutsch: Ernst H. Gebhardt (1832–1899), Elli Ertner

Melodie: Thomas Hastings (1784–1872)

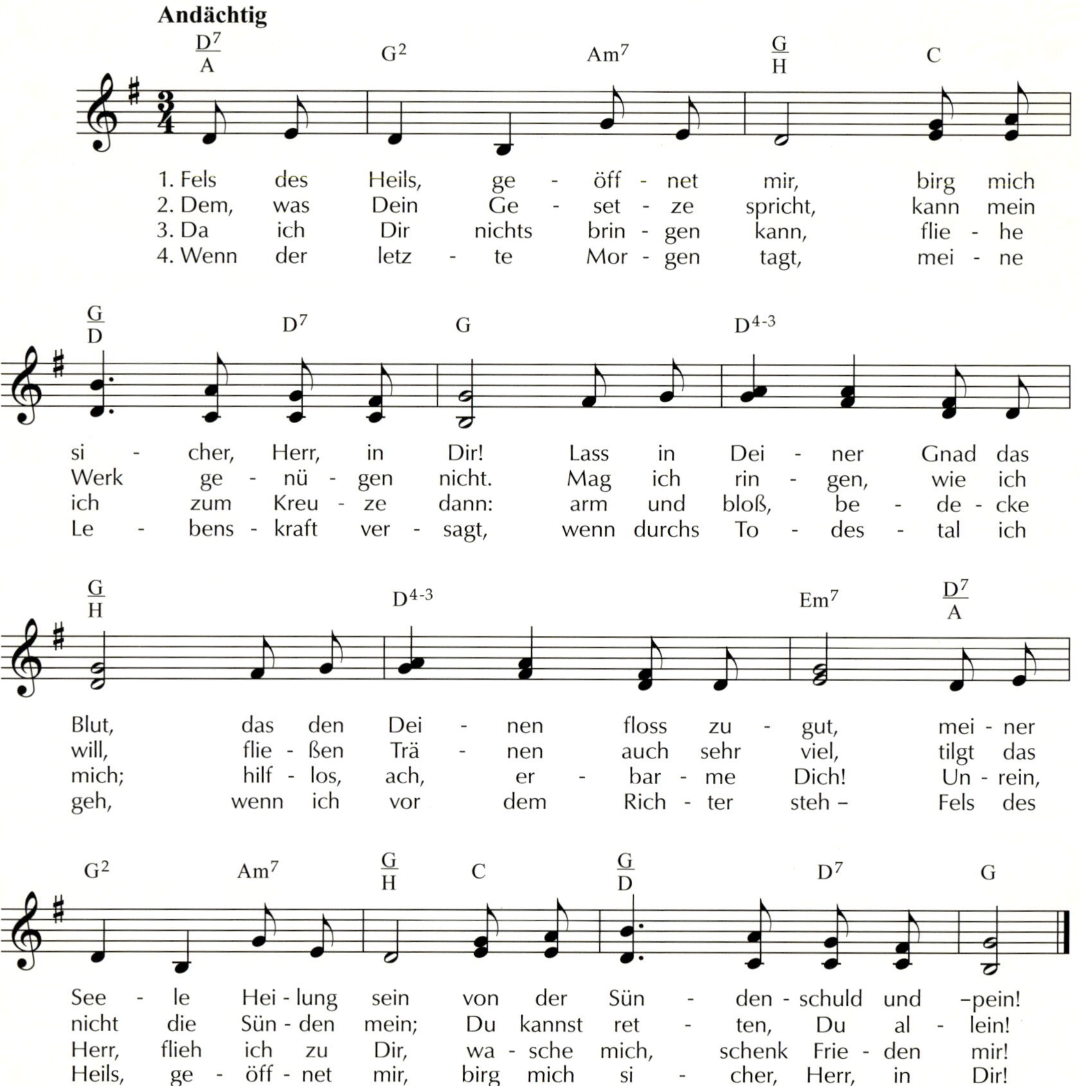

Führe mich, Herr, zu dem
Felsen, der mir zu hoch ist.
Lass mich Dein Wort hören,
gib mir die Gnade, zu gehorchen
und beständig zu bauen,
Stein auf Stein, Tag für Tag,
und zu tun, was Du sagst.
Festige mein Herz, so dass Fluten
es nicht überwältigen können.

ELISABETH ELLIOT

Du großer Gott

Originaltitel: O Store Gud
Text: Carl Boberg (1859–1940)
Deutsch: Manfred von Glehn (1867–1924)

1. Du großer Gott, wenn ich die Welt betrachte,
die Du geschaffen durch Dein Allmachtswort,
wenn ich auf alle jene Wesen achte,
die Du regierst und nährest fort und fort,
dann jauchzt mein Herz Dir, großer Herrscher, zu:
Wie groß bist Du! Wie groß bist Du!

2. Blick ich empor zu jenen lichten Welten
und seh der Sterne unzählbare Schar,
wie Sonn und Mond im lichten Äther zelten,
gleich goldnen Schiffen hehr und wunderbar,
dann jauchzt mein Herz Dir, großer Herrscher, zu:
Wie groß bist Du! Wie groß bist Du!

3. Wenn mir der Herr in Seinem Wort begegnet,
wenn ich die großen Gnadentaten seh,
wie Er das Volk des Eigentums gesegnet,
wie Er's geliebt, begnadigt je und je,
dann jauchzt mein Herz Dir, großer Herrscher, zu:
Wie groß bist Du! Wie groß bist Du!

4. Und seh ich Jesus auf der Erde wandeln
in Knechtsgestalt, voll Lieb und großer Huld,
wenn ich im Geiste seh Sein göttlich' Handeln,
am Kreuz bezahlen vieler Sünder Schuld,
dann jauchzt mein Herz Dir, großer Herrscher, zu:
Wie groß bist Du! Wie groß bist Du!

5. Und wenn der Herr von hinnen mich gerufen,
wenn ich von Seinem Glanz geblendet steh,
anbetend niederfall zu Seinen Stufen,
den König dort in Seiner Schöne seh,
dann jauchzt mein Herz Dir, großer Herrscher, zu:
Wie groß bist Du! Wie groß bist Du!

Die Popularität dieses berühmten Liedes ist wirklich bemerkenswert. Eine 2013 von der British Broadcasting Company durchgeführte Umfrage ergab, dass es in Großbritannien das beliebteste Lied aller Zeiten ist. Ohne seine poetischen Qualitäten hätte das Lied diese Bedeutung vermutlich nicht erlangt.

Eine der offensichtlichsten poetischen Stärken von »Du großer Gott« ist seine gute Struktur. Jede Strophe ist der erste Teil eines Konditionalsatzes – eines Wenn-dann-Satzes oder Bedingung-Folge-Satzes. Der Refrain am Ende jeder Strophe ist dann die Folge oder das Resultat. Die Wenn-Satzteile erzählen von dem, was der Sprecher entweder in der Natur beobachtet oder im Geiste betrachtet, und der Dann-Satzteil reagiert auf die jeweilige Beobachtung mit Staunen und Lobpreis.

Genauer gesagt, in Strophe 1 *betrachtet* der Sprecher; in Strophe 2 *blickt* und *sieht* er; in Strophe 3 und 4 *sinnt* er *nach*; und in Strophe 5 *stellt* er sich die Wiederkunft Christi in Herrlichkeit *vor*. Im Gedicht als Ganzes findet also eine Entwicklung und Steigerung des Beobachtens und Nachsinnens statt.

Die ersten beiden Strophen sind Naturpoesien nach dem Vorbild der Naturpoesie in den Psalmen, welche die Bewunderung der Schönheiten der Natur in einen Lobpreis Gottes umwandeln. Hinter den Strophen verbirgt sich Psalm 8, eine Dichtung über die Natur, in welcher der Dichter seine Betrachtung der Natur mit der nachdenklichen Haltung beginnt: *»Wenn ich Deinen Himmel betrachte, das Werk Deiner Finger …« (Vers 4).* Im Laufe der Jahrhunderte hat die Dichtung über die Natur ihren Lobpreis zwischen dem Erhabenen, dem Großen, und dem Malerischen, dem Detailreichen, aufgeteilt, und diese zwei Strophen verbinden beides miteinander. Wir werden dazu angeregt, sowohl das große und erhabene Universum, die erschaffene Welt als Ganzes, die Vielzahl der Sterne, die Sonne und den Mond zu betrachten, als auch auf die im Vergleich dazu kleinen Wesen, die der Herr alle regiert und nährt.

… Die Heilige Schrift zeigt, dass Gott sich vor allem auf dreifache, einander ergänzende Weise offenbart: in der Natur, in Seiner Selbst-Offenbarung in der Schrift und in Jesus Christus. Nach der Offenbarung in der Natur in den Strophen 1 und 2 wenden wir uns in der dritten und vierten Strophe dem großen Erlösungswerk Christi zu, in welchen der Schwerpunkt (wie in den Strophen 1 und 2) darauf liegt, dies alles zu bewundern und den Herrn anzubeten. Und dann – in einem Gedicht, das die ganze Spanne der biblischen Geschichte von der Schöpfung bis zur Offenbarung durchläuft, nach dem Lob der Macht Gottes in der Schöpfung und der Erlösung in Christus – enden wir in der letzten Strophe mit der zukünftigen Welt, in die jeder wahrhaft Gläubige nach seinem Tod gelangt (»Und wenn der Herr von hinnen mich gerufen …«).

Und dann – in einem Gedicht, das die ganze Spanne der biblischen Geschichte vom ersten Buch Mose bis zur Offenbarung durchläuft – loben wir in der letzten Strophe Gottes Macht und ewige Herrschaft und beenden das Lied mit den Eschata (den letzten Dingen).

In den Kommentaren zu diesem Lied wird regelmäßig Psalm 145 als Paralleltext (wenn nicht gar als eigentliche Quelle) vorgeschlagen. Hier sind ausgewählte Verse aus diesem Psalm:

»Groß ist der HERR und hoch zu loben, ja, Seine Größe ist unerforschlich …
Gnädig und barmherzig ist der HERR, geduldig und von großer Güte.
Der HERR ist gütig gegen alle, und Seine Barmherzigkeit waltet über allen Seinen Werken.
Alle Deine Werke werden Dich loben, o HERR, und Deine Getreuen Dich preisen.«

Psalm 145,3.8-10

DU GROSSER GOTT

O Store Gud

Text: Carl Boberg (1859–1940)
Deutsch: Manfred von Glehn (1867–1924)

Melodie: Schwedische Volksweise (1889)

Wenn Friede von Gott

Originaltitel: It Is Well with My Soul
Text: Horatio G. Spafford (1828–1888)
Deutsch: Niko Derksen

1. Wenn Friede von Gott
meine Seele durchdringt
und Stürme des Leids drohen mir,
Du lehrst mich zu sagen,
was mich auch umringt:
»Meine Seele ist sicher in Dir.«

Refrain:
Mir ist wohl, wohl in Dir!
Meine Seele ist sicher in Dir!

2. Wenn Satan mir nachstellt,
wenn Prüfung mich beugt –
das Wort schenkt mir Hoffnung und Mut,
dass Christus für mich gab
Sein Leben am Kreuz;
meine Seele ist rein durch Sein Blut.

3. Oh, welch eine Freude –
die Schuld ist nun fort!
Die Last aller Sünden von mir
nahm Er mit ans Kreuz und
bezahlte sie dort.
Aller Ruhm gilt in Ewigkeit Dir!

4. Der Tag unsres Herrn rückt
schon näher heran,
woran wir geglaubt, schauen wir;
und wenn Er erscheint,
so weiß ich grade dann:
Meine Seele ist sicher in Dir.

Eine Reihe der Gedichte in diesem Sammelband sind aus Erfahrungen großer Tragödien entstanden, und dies ist eines davon. Der Autor und seine Familie waren in den 1860er Jahren in der Gesellschaft Chicagos wohlhabende und angesehene Presbyterianer. Danach wurden sie von verschiedenen Katastrophen heimgesucht, darunter dem Tod ihres vierjährigen Sohnes an Scharlach im Jahr 1870 und dem Verlust eines Großteils ihres Besitzes im Großen Brand von Chicago im Jahr 1871. Während Horatio 1873 zurückblieb, um geschäftliche Angelegenheiten zu regeln, reisten seine Frau und seine vier Töchter auf einem Schiff nach Europa. Das Schiff kollidierte mit einem anderen, und die vier Töchter ertranken, als das Schiff innerhalb von zwölf Minuten sank. In England angekommen, schickte Mrs. Spafford ihrem Mann ein herzzerreißendes Telegramm mit den Worten: »Allein gerettet. Was soll ich tun? …« Als Horatio sich ein paar Tage später ebenfalls auf die Reise zu seiner Frau nach Europa machte und sich dem Ort des Schiffbruchs näherte, schrieb er sein berühmtes Lied auf ein Stück Briefpapier aus einem Hotel in Chicago.

Sicherlich ist es üblich, dass die Menschen während des Singens dieses Liedes darüber nachdenken, wer es ist, für den sie singen. Geben sie der Gemeinde ein persönliches Zeugnis? Sprechen sie sich selbst in einer Form von geistlichem »Selbstgespräch« an, nach der Art von Psalm 103 mit dem einleitenden Satz *»Lobe den Herrn, meine Seele« (V. 1)?* Die Antwort lautet: Beides trifft zu. Und wie bei allen Beiträgen in diesem Sammelband ist es nützlich, uns an die Sichtweise zu erinnern, die der englische Dichter William Wordsworth in Bezug auf lyrische Gedichte geäußert hat. Wenn ein Gedicht Wahrheit und Schönheit ausdrückt, dient es dazu, »die Gefühle [der Menschen] zu korrigieren«. Wann immer die Gedichte in diesem Sammelband einen höheren Maßstab zu haben scheinen, als wir selbst für realistisch erreichbar halten, geben sie uns dennoch ein Ideal vor, das wir anstreben können. Die Empfindungen, die in einem solchen Gedicht zum Ausdruck kommen, können uns helfen, unsere eigenen Empfindungen zu korrigieren.

Wie bei jedem gut ausgearbeiteten Gedicht hat auch hier jede Strophe ihre eigene poetische Aufgabe, die es als Teil eines harmonischen Ganzen zu erfüllen gilt. Der Kontrast in der Eröffnungsstrophe – Gottes Friede, der meine Seele durchdringt, und Stürme des Leids – erinnert uns an die Zufriedenheit, die wir bei Paulus in den auf- und absteigenden Umständen seines Lebens erkennen (siehe Phil. 4,11-12).

Vom Thema der Zufriedenheit in Strophe 1 gehen wir zum Thema der Zuversicht in Strophe 2 über.

In Strophe 3 wird dann die letzte Zeile von Strophe 2 – »meine Seele ist rein durch Sein Blut« – erweitert, indem der Schwerpunkt auf das Sterben Christi für unsere Sünden gelegt wird, wobei die Metapher aus Kolosser 2,14 verwendet wird, in der die Sünde ans Kreuz geheftet wird. In der abschließenden Strophe nimmt das Gedicht die gewohnte eschatologische Wendung, bei der sich der Schwerpunkt auf die Wiederkunft Christi verlagert.

Wie die meisten Lieder in diesem Sammelband enthält auch dieses Wahrheiten aus der Heiligen Schrift. Dieses Lied vom geistlichen In-Christus-sicher-Sein auch angesichts der Wechselhaftigkeit des Lebens erinnert besonders an das folgende Zeugnis des Apostels Paulus:

> *»Nicht wegen des Mangels sage ich das; ich habe nämlich gelernt, mit der Lage zufrieden zu sein, in der ich mich befinde.*
>
> *Denn ich verstehe mich aufs Armsein, ich verstehe mich aber auch aufs Reichsein; ich bin mit allem und jedem vertraut, sowohl satt zu sein als auch zu hungern, sowohl Überfluss zu haben als auch Mangel zu leiden.*
>
> *Ich vermag alles durch Den, der mich stark macht, Christus.«*
>
> *Philipper 4,11-13*

WENN FRIEDE VON GOTT

It Is Well with My Soul

Text: Horatio G. Spafford (1828–1888)
Deutsch: Niko Derksen

Melodie: Philip P. Bliss (1838–1876)

Der Friede der Welt
ist relativ und flüchtig,
weil er auf Umständen
gegründet ist. Gottes Friede
ist absolut und ewig,
weil er auf Seiner Gnade
gegründet ist.

JOHN MACARTHUR

Herr, bleib bei mir!

Originaltitel: Abide with Me
Text: Henry F. Lyte (1793–1847)
Deutsch: Theodor Werner (1892–1973), Elli Ertner

1. Herr, bleib bei mir! Der Abend bricht herein,
es kommt die Nacht, die Finsternis fällt ein.
Wo fänd ich Trost, wärst Du, mein Gott, nicht hier?
Hilf dem, der hilflos ist: Herr, bleib bei mir!

2. Wie schnell vergeht des Lebens kurze Zeit,
wie schnell der Erde Freud und Herrlichkeit;
so viel Zerfall und Wandel seh ich hier.
Du bist unwandelbar: Herr, bleib bei mir!

3. Dein Nahesein allein mich retten kann,
greift der Versucher meine Seele an.
Wer hilft mir sonst, wenn ich den Halt verlier?
Der Sieg ist mein, bist Du, Herr, stets bei mir!

4. Von Dir geführt, Herr, fürchte ich kein Leid,
kein Unglück, keiner Trübsal Bitterkeit.
Was ist der Tod?! Ich lebe doch in Dir;
den Stachel nahmst Du ihm: Herr, bleib bei mir!

5. Im Todesdunkel bleibe Du mein Licht;
ohne Dein Kreuz, Dein Blut, besteh ich nicht.
Und wenn der Morgen tagt, geh ich zu Dir.
Im Leben und im Tod, Herr, bleib bei mir!

Für die Betrachtung dieses Liedes ist es wichtig, die Geschichte seiner Entstehung vor Augen zu haben. Während dieses Lied in den Vereinigten Staaten *kaum* bekannt ist, war es auf den Britischen Inseln in den vergangenen zwei Jahrhunderten bis in die Gegenwart eines der wichtigsten Lieder in den Gemeinden. Darüber hinaus ist es in England nicht weniger als eine Art Kultursymbol. Es wurde bei Staatsbegräbnissen, Gedenkgottesdiensten und königlichen Hochzeiten gesungen. Berichten zufolge wurde es auch von der Kapelle gespielt, als die *Titanic* sank.

Die Entstehungsgeschichte des Liedes ist fast ebenso beeindruckend. Der Autor war ein Prediger, der die meiste Zeit seines Lebens an einer Krankheit litt. Drei Jahre vor seinem Tod, im Alter von vierundfünfzig Jahren, wurde bei ihm Tuberkulose diagnostiziert. Nachdem er seine letzte Predigt vor seiner Gemeinde gehalten hatte, zog er sich in sein Zimmer zurück und schrieb das Lied »Herr, bleib bei mir!«. Es wurde einige Monate später bei der Trauerfeier nach seinem Tod gesungen.

»Herr, bleib bei mir!« thematisiert den bevorstehenden Tod. Das Gedicht ist eine Betrachtung darüber, wie es sein wird, wenn wir dem Tod ins Auge sehen. Der Dichter (und wir mit ihm) zieht in dem Gedicht Bilanz darüber, was ein Mensch braucht, wenn er mit dem Tod konfrontiert wird. Was wir dann besonders brauchen, ist Gottes Gegenwart bei uns. Damit gehört das Lied zu einer langen Tradition in der englischen Lyrik, die unter dem lateinischen Ausdruck *meditatio mortis* (»Meditation über den Tod«) bekannt ist.

Doch Lytes Gedicht ist mehr als ein Nachsinnen über den nahenden Tod. Es ist ein Gebet, das direkt an Gott gerichtet ist und die Seele des aufrichtigen Beters mit Ihm vereint. Genauer gesagt zeigt der Satz, der jede Strophe beendet, dass der wesentliche Inhalt des Gedichts ein Flehen um göttliche Begleitung ist. Die Angst, allein zu sein, liegt in jeder menschlichen Seele. Der Dichter dieses Liedes spricht diese Angst an, indem er sich jedoch vertrauensvoll an den Herrn wendet, der verheißen hat, Sein Kind niemals allein zu lassen.

In vier der Strophen tritt das Verlangen nach Gottes Begleitung in einem Kontext des Zerfalls und des Todes auf; aber die mittlere Strophe erweitert den Rahmen und drückt den Wunsch nach Gottes Gegenwart in allen Umständen, aber vor allem in Versuchungen und Kampf aus. Dieses Lied ist ein zuversichtliches Gebet, dass Gott inmitten einer Zeit der Dunkelheit, des

Wandels, des Kampfes, des Leids, der Trübsal und des Todes Sein Kind umgeben und es tragen möge. Aus diesem Grund ist dieses Lied so universell anwendbar und wird nicht nur bei Beerdigungen, sondern auch bei Hochzeiten gesungen.

Es besteht kein Zweifel, dass dieses Gedicht ein sehr kraftvolles Beispiel für Poesie ist, die die Emotionen des Lesers oder des Sängers mitnimmt. Seine eigentliche Stärke ist seine Fähigkeit, uns tief zu bewegen. Einige Zeilen rufen eine Stimmung der Traurigkeit hervor, die vor allem durch bestimmte große Archetypen wie die Abenddämmerung, zunehmende Dunkelheit und das Todesdunkel erreicht wird. Aber es gibt auch einen Unterton von Trost und Hoffnung: dem Trost der Gegenwart Gottes, Seine Unwandelbarkeit, den Halt, die Hilfe und den Sieg, die Er schenkt, Seine Führung, die innige Verbindung mit Ihm, die Auferstehung Christi, durch die Er den Stachel des Todes entfernt hat, Sein Leiden und Sterben, durch welches wir im Glauben daran vor Gott bestehen können.

Der Ausgangspunkt für das Gedicht von Lyte ist die Geschichte von Jesus und den beiden Emmausjüngern. Lyte wandte Lukas 24,29 in seinem Gedicht metaphorisch an (das Ende eines Tages als Bild für das Ende des Lebens):

> *»Und sie nötigten Ihn und sprachen: Bleibe bei uns, denn es will Abend werden, und der Tag hat sich geneigt! Und Er ging hinein, um bei ihnen zu bleiben.«*

HERR, BLEIB BEI MIR!

Abide with Me

Text: Henry F. Lyte (1793–1847)
Deutsch: Theodor Werner (1892–1973), Elli Ertner

Melodie: William H. Monk (1823–1889)

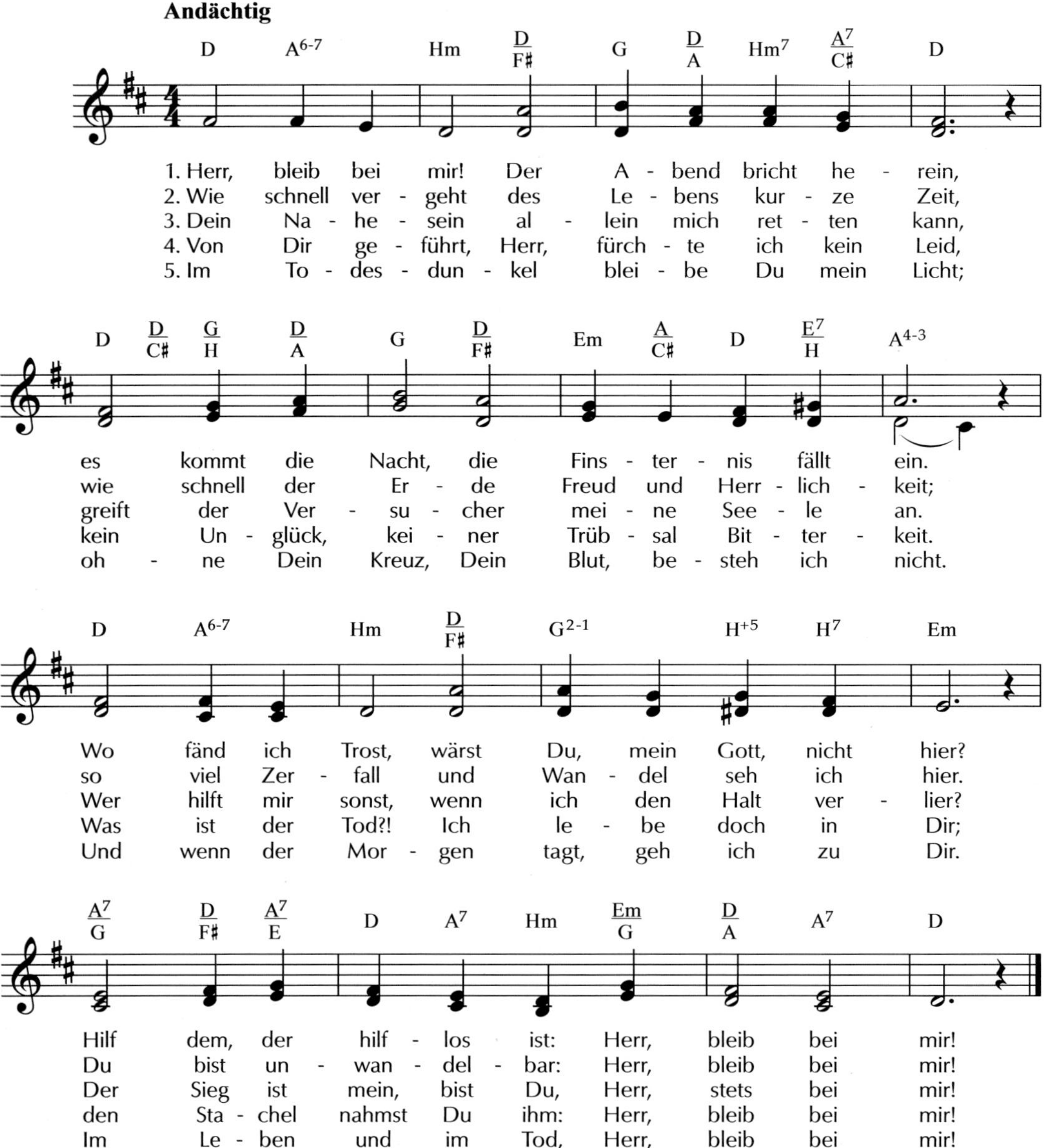

Du wirst nie verstehen,
warum Gott tut, was Er tut,
aber wenn du Ihm glaubst,
so ist das alles, was nötig ist.
Lasst uns lernen, Ihm
demgemäß zu vertrauen,
wie Er ist.

ELISABETH ELLIOT

Die Engel, heilig, rein

Originaltitel: Ye Holy Angels Bright
Text: Richard Baxter (1615–1691)
Deutsch: Niko Derksen

1. Die Engel, heilig, rein, sind allezeit bereit,
zu tun, was Gott befiehlt, der Herr der Herrlichkeit.
Sie beten an vor Gottes Thron
mit Lobgesang den Gottessohn.

2. Die Seelen, die jetzt ruhn: Ihr Kampf ist nun vorbei.
Vollendet ist ihr Lauf; sie sind von Sünde frei.
Sie sind getrost beim Gnadenthron
und warten schon auf Jesu Lohn.

3. Ihr Heiligen, wacht auf, den König betet an,
bringt Ihm den Lobgesang, geht mutig stets voran!
Vertraut auf Ihn, preist allezeit
den höchsten Herrn, in Freud und Leid!

4. Du, meine Seele, sing und preise Gott allein;
in Christus hab ich Heil und bin auf ewig Sein!
Und bis zum Ziel sei jeder Tag
mit Lob erfüllt, was kommen mag!

Der Autor dieses erhebenden Gedichts war einer der wichtigsten puritanischen Führer des siebzehnten Jahrhunderts: Richard Baxter. Er war ein bekannter Pastor und eine öffentliche Persönlichkeit seiner Zeit, und er schrieb so viele Bücher (etwa einhundertsiebzig Bücher und Abhandlungen), dass es überraschend ist, dass er auch noch Zeit fand, Gedichte und Lieder zu schreiben. Aber er tat es – und ein Literaturwissenschaftler hat ein ganzes Buch über Baxter als »Puritaner der Buchstaben« geschrieben.

»Die Engel, heilig, rein« ist ein tadellos gegliedertes Gedicht, dessen Gedankenfluss uns mitreißt. Seine Gattung ist als Doxologie bekannt: Es preist Gott und fordert die Gemeinde Jesu auf, ebenfalls Gott zu preisen. Das Vorbild für diese Gattung ist Psalm 148.

Vier aufeinanderfolgende Gruppen werden in diesem Lied erwähnt: die Engel im Himmel, die verstorbenen Gläubigen, deren Seelen jetzt im Himmel ruhen (Off. 14,13), die Gläubigen auf der Erde und die eigene Seele des Redners. Da zudem jede dieser Personen(gruppen) eine ausgearbeitete Strophe erhält, besticht uns dieses Lied durch seine Ordnungsmäßigkeit. Das konstante Element oder Thema ist die Verherrlichung Gottes und die Hingabe an Ihn.

Die erste Strophe basiert auf der Angelologie (die Lehre von den Engeln) der Heiligen Schrift und entspricht dem, was Baxters Zeitgenosse, der Puritaner John Milton, am Ende seines Sonetts über seine Blindheit sagte. Milton bezog sich auf die Engel, die im Dienst des Herrn stehen und Gottes Befehle auf Erden ausführen (die »ohne Rast über Land und Meer reisen«) oder in der Gegenwart Gottes im Himmel sind und Ihn preisen. Baxter bezieht sich ebenfalls auf diese Bestimmungen der Engel: Sie »sind allezeit bereit, zu tun, was Gott befiehlt« und »beten an … den Gottessohn«.

Die zweite Strophe beschreibt »die Seelen, die jetzt ruhn« und nach vollendetem Lauf endlich bei Gott getröstet sind. Die Erwähnung von Seelen, die ruhen ist eine schöne Erinnerung daran, dass Baxters bekanntestes Buch den Titel trägt: »Die ewige Ruhe der Heiligen«. Die Bildsprache der Strophe entspricht der himmlischen Wohnstätte dieser Gruppe: Sie ruhen, ihr Kampf ist vorbei, sie sind befreit von irdischem Leid und Sünde und ihre Seelen ruhen in der Gegenwart Gottes und warten auf den Auferstehungsleib.

Die dritte Strophe ist eine Aufforderung an die Heiligen, Gott anzubeten. Die Bildsprache verlagert sich dementsprechend von der himmlischen Ruhe zur irdischen Anstrengung und enthält Hinweise auf Mühsal, darauf, dass man sich noch nicht am Ziel befindet, sondern mutig weitergehen und sowohl Freude als auch Leid aus Seiner Hand annehmen soll.

In der letzten Strophe wendet sich der Redner (und wir mit ihm) an seine eigene Seele und fordert sie auf, Gott zu preisen. Eine sorgfältige Analyse der Bilder der letzten Strophe zeigt, wie gekonnt Baxter die Bilder der vorhergehenden Strophen wiedergibt, indem er auf die Anbetung Gottes, auf das irdische Leben, das mit dem Tod endet (»bis zum Ziel sei jeder Tag ...«) und auf die Wechselfälle des irdischen Lebens verweist, die von der Vorsehung regiert werden (»... mit Lob erfüllt, was kommen mag«).

Trotz der Vielfalt unter den vier Gruppen, die der Autor in diesem Lied erwähnt, gibt es einen verbindenden Faden der Gemeinschaft der Heiligen, der sich durch das gesamte Gewebe zieht.

Dieses Gedicht ist das, was Literaturwissenschaftler als »intertextual« bezeichnen, insofern als wir es nicht lesen können, ohne auch an Psalm 148 zu denken. Hier ist ein Auszug daraus:

> *»Hallelujah! Lobt den HERRN von den Himmeln her, lobt Ihn in der Höhe! Lobt Ihn, alle Seine Engel; lobt Ihn, alle Seine Heerscharen! ...*
>
> *Er hat das Horn Seines Volkes erhöht, allen Seinen Getreuen zum Ruhm, den Kindern Israels, dem Volk, das Ihm nahe ist. Hallelujah!«*
>
> *Psalm 148,1-2.14*

DIE ENGEL, HEILIG, REIN

Ye Holy Angels Bright

Text: Richard Baxter (1615–1691)
Deutsch: Niko Derksen

Melodie: John Darwall (1731–1789)

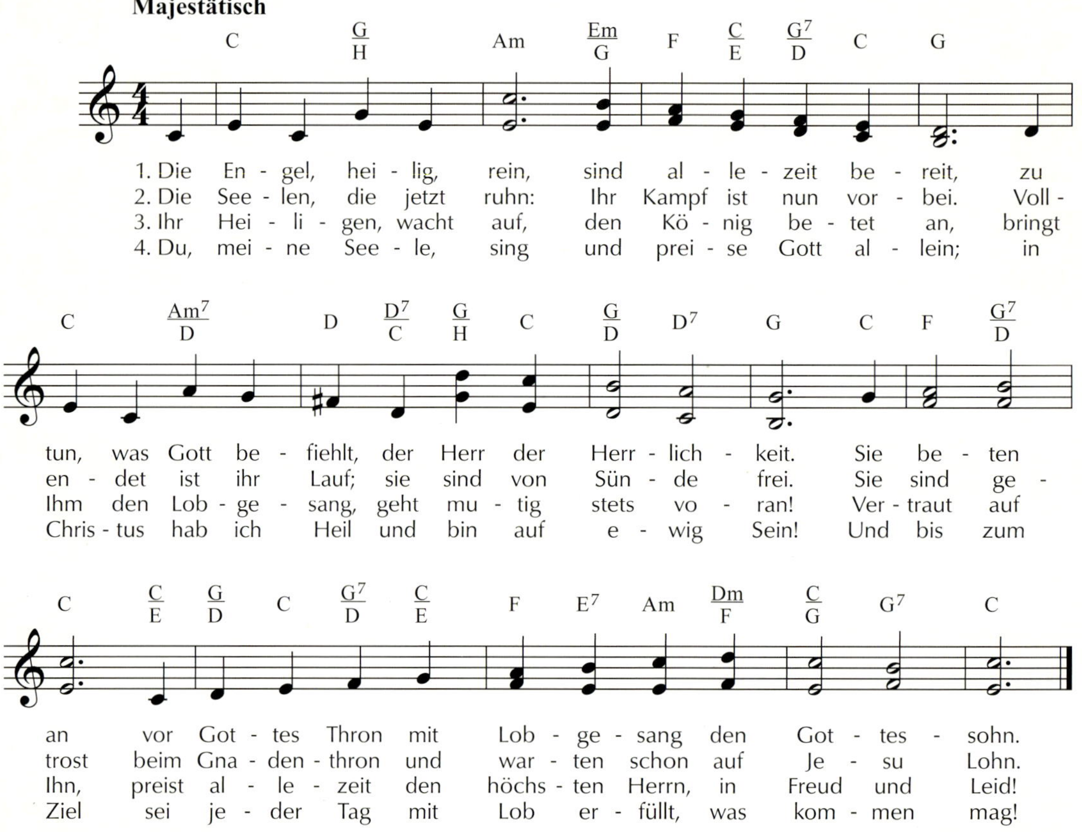

Alles, was Odem hat,
lobe den Herrn!
Hallelujah!

PSALM 150,6

Ein' feste Burg ist unser Gott

Text: Martin Luther (1483–1546)

1. Ein' feste Burg ist unser Gott,
ein' gute Wehr und Waffen.
Er hilft uns frei aus aller Not,
die uns jetzt hat betroffen.
Der alt böse Feind,
mit Ernst er's jetzt meint,
groß' Macht und viel List
sein' grausam Rüstung ist;
auf Erd' ist nicht seinsgleichen.

2. Mit unsrer Macht ist nichts getan,
wir sind gar bald verloren;
es streit't für uns der rechte Mann,
den Gott hat Selbst erkoren.
Fragst du, wer Der ist?
Er heißt Jesus Christ,
der Herr Zebaoth,
und ist kein andrer Gott;
das Feld muss Er behalten!

3. Und wenn die Welt voll Teufel wär
und wollt uns gar verschlingen,
so fürchten wir uns nicht so sehr,
es soll uns doch gelingen!
Der Fürst dieser Welt,
wie sau'r er sich stellt,
tut er uns doch nichts;
das macht, er ist gericht't!
Ein Wörtlein kann ihn fällen.

4. Das Wort sie sollen lassen stahn
und kein'n Dank dafür haben!
Er ist bei uns wohl auf dem Plan
mit Seinem Geist und Gaben.
Nehmen sie den Leib,
Gut, Ehr, Kind und Weib:
Lass fahren dahin!
Sie haben's kein Gewinn;
das Reich muss uns doch bleiben.

Obwohl es keinen Konsens darüber gibt, aus welchem konkreten Anlass im Leben Luthers dieses Lied entstanden ist (tatsächlich gibt es ein halbes Dutzend Theorien dazu), ist der allgemeine Kontext die protestantische Reformation. Das Lied ist zutreffend als »Kampfhymne der Reformation« bekannt. Wenn wir die Worte im Lichte dessen aufnehmen, was wir über Luthers Leben als einer der führenden Reformatoren wissen, fügt sich alles zusammen – einschließlich des Eindrucks eines verstärkten geistlichen Konflikts, der Präsenz eines Kampfes auf Leben und Tod, der Realität eines Lebens, das bis zum möglichen Märtyrertod in Gefahr ist, und eines Gefühls der Zuversicht, das der Überzeugung entspringt, zur Sache Gottes zu gehören. Ein bestimmter Nachdruck bezüglich der Gewissheit, dass es um alles oder nichts geht, verleiht dem Lied von Anfang bis Ende Energie.

Die ersten drei Zeilen spielen auf die einleitenden Verse von Psalm 46 an. Luthers Worte lauten: »Ein' feste Burg ist unser Gott, ein' gute Wehr und Waffen. Er hilft uns frei aus aller Not ...« Psalm 46 beginnt mit den gleichen Bildern: *»Gott ist unsere Zuflucht und Stärke, ein Helfer, bewährt in Nöten« (V. 2).* Diese Übereinstimmung hat zu der Behauptung geführt, dass Luthers gesamtes Lied auf Psalm 46 beruhe und sogar eine metrische Paraphrase des Psalms sei. Es kann höchstens gesagt werden, dass bestimmte allgemeine *Eigenschaften* und *Motive* übereinstimmen – einschließlich eines Kontextes extremer Konflikte, der Furcht hervorrufen könnte; eines starken Vertrauens auf Gottes Gegenwart inmitten des tobenden Kampfes, militärischer Bilder und einer Sprache und eines Tonfalls, die triumphierend klingen. Auf diesen allgemeinen Ebenen der Entsprechung ist es durchaus möglich, dass Psalm 46 der Psalm ist, der Luther bei seiner Dichtung beeinflusst hat.

An dieser Stelle erweist sich die Unterscheidung, die C.S. Lewis zwischen der Bibel als literarischer Quelle und literarischem Einfluss macht, als hilfreich. Lewis sagte bekanntlich, dass eine Quelle den Schriftstellern etwas gibt, worüber sie schreiben können, während ein Einfluss sie dazu veranlasst, auf eine bestimmte Art zu schreiben. Die Quelle von »Ein feste Burg« war Luthers geistlicher Kampf um die Wahrheit und sein oft unsicheres Leben als Reformator. Die Bilder und Empfindungen aus Psalm 46 prägten Luther darin, wie er auf seine Lebenserfahrungen blickte und wie er sie ausdrücken sollte.

Drei Bestandteile bilden den Inhalt des Liedes, und sie treffen in jeder Strophe zusammen:

1. die Gewissheit von Gottes Gegenwart und Macht in der Welt;
2. die schreckliche Opposition, der Christen in der Welt gegenüberstehen;
3. die Zuversicht, mit der Christen der Opposition durch die Kraft Gottes entgegentreten können.

Das Schlachtmotiv eint das Lied, und Gott wird zum Sieger erklärt. Das Lied ermutigt Christen dazu, darauf zu vertrauen, dass Gott ihren Kampf gewinnen wird. Dieses Lied stellt das Leben in der äußersten Notlage dar und gibt uns eine göttliche Strategie für ein mutiges Leben in dieser Notlage. In Zeiten, in denen die Reformation verloren schien, sangen Luther und sein Freund Philipp Melanchthon vielleicht gerade den Psalm 46.

Psalm 46 lieferte Luther die Inspiration zum Schreiben von »Ein feste Burg«. Der folgende Auszug davon fasst den Psalm zusammen:

> *»Gott ist unsere Zuflucht und Stärke, ein Helfer, bewährt in Nöten.*
> *Darum fürchten wir uns nicht, wenn auch die Erde umgekehrt wird und die Berge mitten ins Meer sinken, wenn auch Seine Wasser wüten und schäumen und die Berge zittern vor Seinem Ungestüm …*
> *Der HERR der Heerscharen ist mit uns; der Gott Jakobs ist unsere sichere Burg!«*
>
> *Psalm 46,2-4.8*

EIN’ FESTE BURG IST UNSER GOTT

Text und Melodie: Martin Luther (1483–1546)

Obwohl unsere Feinde mächtig sind, ist Gott allmächtig. In Jesus Christus ist Gott eine perfekte Zuflucht. Er ist der einzige sichere Ort, an dem wir uns bergen können, um diesen mächtigen Feinden zu entkommen.

JOEL BEEKE

Preis Dir, Du Ewiger!

Originaltitel: Come Thou Almighty King
Text: aus dem 18. Jh.
Deutsch: Walter Rauschenbusch (1861–1918), Elli Ertner (Str. 1 und 3)

1. Preis Dir, Du ewiger,
siegreicher, mächtiger
König und Herr!
Vater in Ewigkeit,
herrlich in Heiligkeit,
Herrscher für allezeit,
Dir sei die Ehr!

2. Preis Dir, Du starker Sohn,
Dein ist des Vaters Thron,
Dein die Gewalt.
König und Friedefürst,
liebend Dein Volk Du führst,
siegreich Du kommen wirst;
Herr, komme bald!

3. Preis Dir für Deinen Geist,
der durch Dein Wort uns speist
und unterweist,
rüstet zur Jüngerschaft,
stärkt, wenn der Mut erschlafft,
füllt uns mit Seiner Kraft,
wie Du verheißt.

4. Preis Dir auf einem Thron,
Vater und Geist und Sohn,
Dein sei die Ehr!
Waltend in Schöpferpracht,
rettend durch Liebesmacht,
hältst Du für uns die Wacht,
Gott, unser Herr.

Das offensichtlichste Merkmal dieses Liedes ist seine Betonung der Dreieinigkeit. Wenn wir jedoch bei dieser Entdeckung stehen bleiben und nicht tiefer eintauchen, verpassen wir wertvolle Wahrheiten, die dieses Lied darüber hinaus für uns bereithält. Lass uns also den zentralen Aspekt der Dreieinigkeit im Blick behalten, während wir das Lied genauer betrachten.

In der 1. Strophe dieses Gedichts geht es um den »Vater«, in der 2. Strophe um den »Sohn«, in der 3. Strophe um den »mächtigen Tröster«, den Heiligen Geist, und in der 4. Strophe um »Vater und Geist und Sohn«.

Dies ist nicht nur ein Lied über die Dreieinigkeit, sondern auch ein Anbetungslied Derselben.

Das Königtum ist ein weiteres verbindendes Motiv des Gedichts. Die erste Strophe beruft sich auf Gott als allmächtigen, siegreichen König, und die folgenden Zeilen der Strophe schreiben Gott dem Vater Herrlichkeit, Herrschaft und Ehre zu.

In der zweiten Strophe wird Christus in der Gestalt des siegreichen Königs und Friedefürsten dargestellt, welcher auch der Erlöser und Hirte Seiner Gemeinde ist.

In der dritten Strophe dankt der Dichter dem Herrn für den Heiligen Geist, der unser von Gott verheißener Beistand ist. Durch die Heilige Schrift rüstet Er uns für die treue Nachfolge Christi aus, stärkt uns in unserer Mutlosigkeit und erfüllt uns mit Seiner Kraft, sodass wir den Willen Gottes erkennen und danach leben können.

Die letzte Strophe spricht von der souverän herrschenden Majestät Gottes.

Die Anordnung des Gedichtes um die jeweiligen Personen der Dreieinigkeit herum führt uns dazu, nach charakteristischen Handlungen jeder Person zu suchen; aber wenn wir genau hinsehen, stellen wir fest, dass der Autor eher die Gemeinsamkeiten der Personen der Dreieinigkeit hervorhebt. Das Motiv der Kraft oder Macht zum Beispiel findet sich in allen Strophen wieder. Was wie ein einfaches Gedicht aussieht, erweist sich als vielschichtig.

Eine Stichprobe der Kommentare zu diesem Gedicht zeigt schnell, dass es so voller biblischer Anspielungen ist, dass jede Zeile mindestens einem Bibelvers zugeordnet werden kann. Die den einzelnen Mitgliedern der göttlichen

Dreieinigkeit gewidmeten Strophen des Liedes erreichen den Höhepunkt in ihrer Vereinigung in der letzten Strophe, in einer Art und Weise, die sich parallel zum abschließenden Vers des 2. Korintherbriefes darstellt:

> *»Die Gnade des Herrn Jesus Christus und die Liebe Gottes und die Gemeinschaft des Heiligen Geistes sei mit euch allen! Amen.«*
>
> *2. Korinther 13,13*

PREIS DIR, DU EWIGER!

Come Thou Almighty King

Text: aus dem 18. Jh.
Deutsch: Walter Rauschenbusch (1861–1918), Elli Ertner (Str. 1 und 3)

Melodie: Thesarus Musicus (1744)

Denn von Ihm
und durch Ihn und
für Ihn sind alle Dinge;
Ihm sei die Ehre in
Ewigkeit! Amen.

RÖMER 11,36

Schau ich zu Deinem Kreuze hin

Originaltitel: When I Survey the Wondrous Cross
Text: Isaac Watts (1674–1748)
Deutsch: Günter Balders

1. Schau ich zu Deinem Kreuze hin,
wo Du für mich gestorben bist –
zu Schaden wird, was sonst Gewinn,
was einst mein Stolz gewesen ist.

2. Dein Kreuz zerstört den falschen Ruhm;
durch Deinen Tod bin ich befreit,
gebunden als Dein Eigentum
an Dich allein für allezeit.

3. Sieh an Sein dorngekröntes Haupt,
aus Seinen Wunden quillt Sein Blut;
und wer an solche Liebe glaubt,
dem kommt Sein Kreuzesschmerz zugut.

4. Was ich zum Dank auch gebe Dir –
die ganze Welt ist noch zu klein;
der Dank für diese Liebe hier
kann nur mein eignes Leben sein!

Dieses Lied trug ursprünglich den Titel »Der Welt gekreuzigt durch das Kreuz Christi« und stammt von Isaac Watts, einem der größten Liederdichter der Kirchengeschichte. Es wurde 1707 in Seinem ersten Liedband veröffentlicht. Isaac Watts missfiel es, dass es zu seiner Zeit in den Kirchen in England üblich war, nur metrisch starre Psalmen zu singen, und so legte er mit über 600 Liedern den Grundstein für ein viel umfassenderes Liedgut. Er erklärte im Vorwort seines Liederbuches, dass viele Herrlichkeiten in den Schriften des Alten Testaments verborgen blieben, bis das Licht der Lehre Jesu und der Apostel darauf fiel. Ebenso wie wir die Tiefe des Neuen Testaments nicht erfassen können, ohne das Alte Testament zu kennen, können wir die Bedeutung des Alten Testaments nicht in ihrer Tiefe erfassen, ohne das Neue Testament zu erforschen. Isaac Watts wollte, dass die Lieder, die die Gläubigen sangen und die dazu da waren, die Gemeinde zu lehren und zu erfreuen, das ganze Evangelium enthielten. »Schau ich zu Deinem Kreuze hin« ist ein hervorragendes Beispiel für die Umsetzung seines Anliegens.

Zum Kreuz Jesu zu schauen bedeutet, darüber nachzudenken, Schlussfolgerungen daraus zu ziehen und darauf zu reagieren. Dieses Lied beinhaltet all dies und betont die persönliche Reaktion darauf und die Hingabe.

Eine weitere Neuerung, die Watts mit seinen Liedern einführte, waren Personalpronomen der ersten Person Singular, die auch dieses Lied durchziehen. Sie tragen dazu bei, dass ein Lied persönlicher wirkt, ohne den Sänger, Leser oder Hörer auszugrenzen; denn Watts drückt das aus, was wir empfinden.

Das Thema dieses Liedes ist die überragende Herrlichkeit des Kreuzes, und damit kommen wir zu den poetischen Mitteln, die dieses Lied besonders kraftvoll machen.

Ein Element, dass dabei heraussticht, ist das Paradoxon. In diesem Lied drückt der Dichter seine Bewunderung für das Kreuz und das Werk Jesu am Kreuz aus. Er zeigt, dass alles, was ihm kostbar, was ihm Gewinn war, zu Schaden wird, wenn er auf das Kreuz schaut. Dieses grausame Hinrichtungsinstrument wurde zum Symbol des göttlichen Erbarmens, das Gottes Gnade und Gerechtigkeit in sich vereint.

In der zweiten Strophe erkennen wir eine Metonymie, bei der die Handlung mit dem Ort der Handlung vertauscht wird: »Dein Kreuz zerstört den falschen Ruhm«. Das Kreuz steht an dieser Stelle für das, was am Kreuz geschah. Dass der Glaube an Christus und an Sein Erlösungswerk am Kreuz der einzige Weg zu Gott ist, macht all unseren Stolz auf eigene Fähigkeit, Kraft und Macht zunichte.

Ein weiteres Paradoxon finden wir in der dritten Strophe in den Worten »dorngekröntes Haupt«. Eine Krone ist ein Zeichen der Macht und Würde. Im Gegensatz dazu sind Dornen ein Symbol des Fluches aufgrund der Sünde. Jesus ist der König, der den Fluch auf sich nahm und damit der größten Liebe Ausdruck verlieh, die die Welt je gesehen hat.

Schließlich erreicht der Dichter in der 4. Strophe den Höhepunkt seiner Bewunderung, indem er feststellt, dass der Wert von Christi Opfer selbst den Wert der ganzen Welt übersteigt. Wie könnte er seine Dankbarkeit für diese große Liebe besser ausdrücken als mit der völligen Hingabe seines Lebens an den Herrn?!

Als dieses Lied zum ersten Mal veröffentlicht wurde, schrieb Isaac Watts einen Vers aus dem Galaterbrief dazu, auf den sich das Lied bezieht:

> *»Von mir aber sei es ferne, mich zu rühmen, als nur des Kreuzes unseres Herrn Jesus Christus, durch das mir die Welt gekreuzigt ist und ich der Welt.«*
>
> *Galater 6,14*

Anmerkung des Herausgebers: Dieses Lied wurde aus lizenzrechtlichen Gründen anstelle eines anderen hier aufgenommen.

SCHAU ICH ZU DEINEM KREUZE HIN

When I Survey the Wondrous Cross

Text: Isaac Watts (1674–1748)
Deutsch: Günter Balders

Melodie: aus Irland

Schau auf das Kreuz
und hasse deine Sünde,
denn die Sünde hat deinen
Geliebten ans Kreuz genagelt.
Betrachte das Kreuz, und du wirst
deine Sünde töten, weil die
Kraft der Liebe Jesu dich stark
machen wird, deine Neigung
zur Sünde zu überwinden.

C.H. SPURGEON

Führe mich, o Gott, Du meine Stärke

Originaltitel: Guide Me, O Thou Great Jehovah
Text: William Williams (1717–1791) | Deutsch: Niko Derksen

1. Führe mich, o Gott, Du meine Stärke,
trag mich durch dies Erdenland!
Ich bin schwach, doch Du, Herr, bist allmächtig;
halt mich fest mit starker Hand!
Brot des Lebens gib als Speise,
nähre Du mich, Herr, Dein Kind,
dass in Dir die Seele Ruhe find!

2. Öffne, Herr, die Quelle Deines Wortes,
das mir neue Kraft verleiht!
Leite mich mit Gnade und Erbarmen;
folgen bin ich stets bereit.
Herr, mein Heiland, mein Erretter,
stärk mich durch Dein Allmachtswort,
schütze mich, sei Du mein Zufluchtsort!

3. Wenn ich steh am Ende meiner Reise,
mach mich stille, Herr, in Dir!
Du wirst meine Seele zu Dir nehmen,
wenn mein Leben endet hier.
Du bist würdig meines Lobes,
jetzt und all mein Leben lang!
Dir allein gebührt mein Lobgesang!

Dieses Lied ist eines der bekanntesten Lieder von Wales. Sein Autor, William Williams, wird von einigen als der Vater der walisischen geistlichen Lieder angesehen, so wie Isaac Watts als der Vater der englischen geistlichen Lieder angesehen wird. Dieses Lied wurde bei königlichen Hochzeiten der Familie des Prinzen von Wales (heute des Königs des Vereinigten Königreiches) gesungen, wie auch bei Beerdigungen. Walisische Bergleute haben sie gesungen, wenn sie in die Bergwerke hinunterstiegen. Martyn Lloyd-Jones hielt den Autor für den besten Liederdichter aller Zeiten. Dieses ursprünglich auf Walisisch verfasste Gedicht wurde 1771 in seiner bekannten Form von Peter Williams (kein Verwandter des Autors) ins Englische übersetzt.

Aus einem sehr guten Grund wird dieses Gedicht häufig in geistliche Literatur aufgenommen: Es ist vollständig auf der Heiligen Schrift aufgebaut und erinnert uns vor allem an die Geschichte der vierzigjährigen Wüstenwanderung der Israeliten.

- Das »Brot des Lebens« erinnert an das Manna, das auf Jesus hindeutet.
- Das Leiten Gottes während unserer Lebensreise erinnert uns daran, dass die Israeliten in der Nacht durch die Feuersäule und am Tag durch die Wolkensäule geleitet wurden.
- Die Quelle des Wortes, das neue Kraft schenkt, erinnert uns an das Wasser, das aus dem Felsen floss und die Israeliten erquickte.
- Das Ende unserer Reise, wenn unsere Seelen zum Herrn gehen, wurde durch die Durchquerung des Jordan und den Eintritt in das verheißene Land Kanaan versinnbildlicht.

Der Ausdruck »Brot des Lebens« in der ersten Strophe, wofür das Manna eine Metapher ist, bezieht sich vorrangig auf Jesus, der sich Selbst als das »Brot des Lebens« (Joh. 6,35.48) und als »das wahre Brot aus dem Himmel« bezeichnete (Joh. 6,32-33). Doch die Bitte: »Brot des Lebens gib als Speise, nähre Du mich, Herr, Dein Kind« stammt von einem Menschen, der bereits vom Brot

des Lebens gegessen hat, der bereits errettet ist, aber immer noch nach mehr verlangt – nach geistlicher Sättigung, Wachstum und einem täglichen Ruhen in Christus.

Das Öffnen der Quelle des Wortes in der zweiten Strophe bezieht sich auf den kristallklaren, heilbringenden Strom, der von Gottes himmlischem Thron fließt (siehe Off. 22,1-2). Der Redner sehnt sich nach Erquickung, Leitung und Stärkung durch Christus Selbst und durch Sein Gnadenmittel des Wortes.

Schließlich kommt der Dichter in der dritten Strophe zum Thema des Todes und bittet den Herrn vertrauensvoll, sein Herz am Ende seines Lebens still zu machen. Angesichts der Gewissheit der ewigen Gemeinschaft mit Gott bricht der Autor in Anbetung Gottes aus (er sprudelt geradezu davon über). Denn Er allein ist es würdig, jetzt und für immer unser Lob und unsere Hingabe zu empfangen.

Das Thema dieses Gedichtes ist die Macht Gottes, für die Bedürfnisse der Menschen zu sorgen. Es ist ein direkt an Gott gerichtetes Gebet.

Dieses Gedicht baut auf Schlüsselereignissen des alttestamentlichen Exodus auf. In ähnlicher Weise werden in Psalm 105 die Ereignisse der alttestamentlichen Geschichte wiederholt; das Folgende ist ein Auszug aus dieser Wiederholung.

»Er breitete vor ihnen eine Wolke aus als Decke und Feuer, um die Nacht zu erleuchten. Sie forderten; da ließ Er Wachteln kommen und sättigte sie mit Himmelsbrot. Er öffnete den Felsen, da floss Wasser heraus; es floss als ein Strom in der Wüste …

Er ließ Sein Volk ausziehen mit Freuden, mit Jubel Seine Auserwählten.«

Psalm 105,39-41.43

FÜHRE MICH, O GOTT, DU MEINE STÄRKE

Guide Me, O Thou Great Jehovah

Text: William Williams (1717–1791)
Deutsch: Niko Derksen

Melodie: John Hughes (1873–1932)

Von allen Gnadengaben ehrt der Glaube Christus am meisten; deshalb ehrt Christus von allen Gnadengaben den Glauben am meisten.

MATTHEW HENRY

Herr aller Hoffnung

Originaltitel: Be Thou My Vision
Text: aus dem Altirischen übersetzt von Mary E. Byrne (1880–1931),
gedichtet von Eleanor H. Hull (1860–1935)
Deutsch: Theo Eißler, Daniel Jacobi

1. Herr aller Hoffnung, ich stehe vor Dir;
höre mein Bitten und neig Dich zu mir!
In Dir ist das Leben, und Du bist mein Licht.
Herr, Deine Nähe gibt mir Zuversicht.

2. Herr aller Weisheit, ich höre auf Dich;
sprich durch Dein Wort und leb Du Selbst durch mich!
Du bist mein Vater, und ich bin Dein Kind,
in Liebe verbunden, vereint wir nun sind.

3. Herr aller Wahrheit, ich hoffe auf Dich.
Was mir auch droht, bitte schütze Du mich.
Sei Du meine Hilfe, mein starker Turm.
Du bist meine Kraft, meine Zuflucht im Sturm.

4. Herr aller Herren, mein Erbe bist Du!
Was nützen mir Ehre und Reichtum dazu?!
Nimm in meinem Herzen den ersten Platz ein!
Du sollst mein Schatz und mein König sein.

5. Herr aller Himmel, ich diene Dir gern;
und auch im Sterben gehör ich dem Herrn.
Der Tod ist besiegt, und die Nacht ist vorbei!
Was immer geschieht, ich bin Dein allezeit!

Da die Ursprünge dieses antiken Textes ein Geheimnis sind und vermutlich auch bleiben werden, übt dieses Lied, wie viele alte Texte, eine Faszination auf uns aus. Dieses Gedicht ist ein Gebet, das an Gott gerichtet ist und Ihn ehrt. Innerhalb dieses vereinenden Rahmens eines ununterbrochenen Gebets finden wir ein sich wiederholendes rhetorisches Muster, in dem der Sprecher Jesus immer wieder als Herrn ehrt.

Er ist der »Herr aller Hoffnung«, der »Herr aller Weisheit«, der »Herr aller Wahrheit«, der »Herr aller Herren« und der »Herr aller Himmel«. In den ersten vier Strophen beruft sich der Autor auf den jeweiligen Namen und bittet Ihn, genau das zu sein, was dieser Name ausdrückt.

Bei all der rhetorischen Kraft dieses Liedes ist die Erhebung Gottes von zentraler Bedeutung im Leben des Gläubigen. Um Seiner Selbst willen, zu Seiner eigenen Ehre bittet der Autor den Herrn Jesus, das in seinem Leben zu sein, was Er bereits *ist,* und drückt in jeder Strophe seine Hingabe an Ihn aus und seine Freude, zu Ihm zu gehören.

Die einzelnen Strophen bieten uns Variationen über das zentrale Thema. Die erste Variation konzentriert sich auf Gott als beständige »Hoffnung« eines Gläubigen – ein Wort, das hier mehrere Bedeutungen umfasst. Eine Hoffnung ist das, was wir *erwarten* – zunächst einmal das, was in der Zukunft und damit nicht in unserer heutigen Wahrnehmung liegt. Zweitens ist Hoffnung das, was uns antreibt – das, was uns Zuversicht und Geborgenheit gibt, unser Leben ist und unser Handeln leitet. Jede Zeile in der Eröffnungsstrophe ist um das Motiv »Gott allein« bzw. »Gott über alles« angeordnet.

Die Einheit der ersten Strophe weicht der Vielfalt in der zweiten Strophe. Jede Zeile benennt ein anderes Gebet, das zum Ausdruck bringt, was sich der Redner wünscht, was Gott in seinem Leben sein möge: Weisheit und Offenbarung, Derjenige, der in seinem und durch sein Leben wirkt, ein göttlicher Vater, mit dem Redner in Liebe verbunden.

Die dritte Strophe spricht vom Herrn, der die Wahrheit ist. Wenn das Kind Gottes bedroht wird, ist das Wort Gottes, die Wahrheit, sein Schutz. Wenn es in Stürme gerät, hilft ihm das Wort Gottes hindurch, bietet ihm Zuflucht wie eine sichere Festung und schenkt ihm Kraft. All dies sind Bilder der Kraft und Stärke, die in Christus zu finden sind.

Die Bilder von Ruhm und Reichtum in dem Herrn nehmen die vierte Strophe ein, da Jesus, der »Herr aller Herren«, zum *Erbe, Schatz* und *König* des Gläubigen geworden ist.

Die letzte Strophe stellt die in vielen geistlichen Liedern übliche eschatologische Wende dar, bei der sich der Schwerpunkt auf den Himmel und die Ewigkeit verlagert. Bei näherer Betrachtung ist die letzte Strophe eine Zusammenfassung dessen, was vorausgegangen ist. Gott ist der »Herr aller Himmel«, der über allem hoch erhaben ist. Das frühere Motiv des Einsseins mit Gott wird mit dem »ich bin Dein allezeit« unterstrichen. Die einleitend beschriebene Hoffnung, die der Herr Jesus für den Gläubigen ist, wird in den letzten Zeilen durch Seinen Sieg über den Tod und »was auch geschieht« bekräftigt und bestätigt.

Dies ist ein Gedicht über die Prioritäten eines Christen. Seine Stärke als hingebungsvolles Gedicht besteht darin, dass es die ersten Dinge an die erste Stelle setzt und das ganze Leben Gott unterwirft.

Dieses Lied stellt die kühne Behauptung auf, dass Jesus in unserem täglichen Leben an erster Stelle stehen muss, weil Er der größte Schatz ist. Dies wird in der Heiligen Schrift ausdrücklich unterstützt. Das Christuslied, das in Kolosser 1,15-20 zu finden ist, bekräftigt in ähnlicher Weise die Vorrangstellung Christi. Hier ist ein Auszug aus diesem Lied:

> *»Und Er ist vor allem, und alles hat seinen Bestand in Ihm. Und Er ist das Haupt des Leibes, der Gemeinde, Er, der der Anfang ist, der Erstgeborene aus den Toten, damit Er in allem der Erste sei.*
>
> *Denn es gefiel [Gott], in Ihm alle Fülle wohnen zu lassen …«*
>
> *Kolosser 1,17-19*

HERR ALLER HOFFNUNG

Be Thou My Vision

Text: Mary E. Burne (1880–1931), Eleanor H. Hull (1860–1935)
Deutsch: Theo Eißler, Daniel Jacobi

Melodie: aus Irland

Herr, meine ganze
Hoffnung beruht allein
auf Deiner großen
Barmherzigkeit.
Gib was Du befiehlst, und
befiehl, was Du willst.

AUGUSTINUS

Gott ist der Fels, dem wir vertraun

Originaltitel: A Shelter in the Time of Storm
Text: Vernon J. Charlesworth (1839–1915), Dawn Watkins
Deutsch: Elli Ertner

1. Gott ist der Fels, dem wir vertraun,
ein starker Fels, was auch geschieht,
Schutz in der Nacht, vor Tagesglut,
die Zuflucht, wenn uns Sturm bedroht.

Refrain:
Der Herr ist die Zuflucht, wenn uns Sturm bedroht.
Oh, Jesus ist ein Fels,
ein Halt, wenn die Erde bebt,
die Zuflucht, wenn uns Sturm bedroht.

2. Um uns herum es braust und tobt,
doch Gott ist unser Zufluchtsort,
ein Ort der Rast und echten Ruh,
die Zuflucht, wenn uns Sturm bedroht.

3. O Gott, Du Fels, bist unser Schutz
und unsre Hilfe, immer nah.
Sind wir bei Dir, weicht alle Angst,
Du Zuflucht, wenn uns Sturm bedroht.

Dieses um 1880 entstandene Lied gehört zu jenem von Literaturwissenschaftlern sogenannten »Viktorianischen Zeitalter«. Der Autor war ein baptistischer Prediger, der seine längste Dienstzeit als Direktor des Stockwell-Waisenhauses von Charles Spurgeon in London verbrachte. Dieses Waisenhaus bot Waisenkindern unterschiedlicher Herkunft Unterkunft, Nahrung, Kleidung, Bildung und biblische Unterweisung.

Obwohl das Gedicht in seiner Bildsprache so verstanden wird, dass es in erster Linie ein Naturbild ist, ergibt sich auch eine zweite Bedeutungsebene, wenn wir das Gedicht in den Kontext eines Waisenhauses in einer der damals größten Städte der Welt stellen. Ein weiterer Kontext, der dieses Lied bereichert, ist die Tatsache, dass die Fischer an der Nordküste Englands das Lied oft sangen, wenn sie sich in Zeiten von Seestürmen ihren Häfen näherten.

Die große Anzahl von Wiederholungen könnte uns zunächst zu der Annahme verleiten, dass das Gedicht nicht für die Art von Analyse geeignet sei, die dieser Sammelband enthält. Eine Möglichkeit, den poetischen Reichtum und die Kraft des Gedichts zu erkennen, sind seine Archetypen.

Jene drei wiederkehrenden Archetypen in diesem Gedicht tauchen als die wichtigsten auf: der Fels, die Zuflucht und der Sturm. Der Weg, Archetypen zu verinnerlichen, besteht darin, mit unseren eigenen Erfahrungen mit ihnen zu beginnen. Wir können über die Assoziationen von dem Fels, der Zuflucht und dem Sturm nachdenken, die diesen Begriffen in der menschlichen Vorstellungskraft einen so universellen Stellenwert verliehen haben, angefangen bei ihren wörtlichen, physikalischen Merkmalen. Dann können wir sie und ihre Assoziationen in den breiteren Kontext der Literatur als Ganzes stellen, angefangen bei der Bibel.

Zusätzlich zu diesen drei zentralen Archetypen enthält dieses Gedicht Bilder, die sich darauf beziehen. Bilder, die sowohl in dem Felsen als auch in der Zuflucht mit eingeschlossen sind, sind die folgenden: *starker Fels, Schutz, Halt, Ort der Ruhe und Rast, Hilfe, alle Angst weicht.* Viele Gedichte haben einen oder mehrere Kontraste in ihrem Fokus, und das ist auch Teil der Strategie dieses Gedichtes. Den bisher besprochenen positiven Archetypen und Bildmustern stehen Bilder der Gefahr gegenüber, die uns erschüttert: »was auch geschieht«, die Nacht, die Glut der Tageshitze (damit können auch die Kämpfe des Alltags gemeint sein), das Beben der Erde, ein Brausen und Toben, die Angst.

Vielleicht ist der krönende Abschluss all dieses poetischen Reichtums der sinnbildliche *bedrohliche Sturm,* der in jeder Strophe und auch im Refrain auftaucht. Was für ein Sturm ist gemeint? Nicht ein physikalischer, wie etwa ein Orkan. Es handelt sich vielmehr um einen die Seele ergreifenden, sie aufwühlenden Sturm, den wir alle kennen, der aber nicht auf einer Wetterkarte sichtbar ist. Es ist der geistliche Kampf, in dem sich jeder Gläubige in diesem Leben befindet und für den er täglich vom Herrn ausgerüstet werden muss.

Dieses Gedicht ist ein weiterer Fall, in dem das Auffinden einer Parallelstelle in der Bibel die geradezu buchstäbliche »Verlegenheit des Reichtums« darstellt. Nichtsdestotrotz hebt sich besonders Jesaja 4,5-6 hervor (siehe aber auch Jesaja 32,2):

> *»Dann wird der Herr über der ganzen Wohnung des Berges Zion und über Seinen Versammlungen bei Tag eine Wolke und Rauch schaffen und den Glanz einer Feuerflamme bei Nacht, denn über der ganzen Herrlichkeit wird ein Schutzdach sein; und eine Laubhütte wird zum Schatten vor der Hitze bei Tag sein, und zur Zuflucht und zum Schirm vor Unwetter und Regen.«*

GOTT IST DER FELS, DEM WIR VERTRAUN

A Shelter in the Time of Storm

Text: Vernon J. Charlesworth (1839–1915), Dawn Watkins
Deutsch: Elli Ertner

Melodie: Alexander Kryutschkow

Es gibt noch Stürme in diesem Leben, denen du begegnen wirst. Darum stelle dich hinter Christus, indem du Ihm auf dem Weg der Pflicht folgst. Wenn du nie irgendwo anders hingehst als dorthin, wo Christus dich hinführt, brauchst du dich vor Stürmen nicht zu fürchten, denn sie werden mehr auf Ihn einschlagen als auf dich.

C.H. SPURGEON

Herrlich wird von Dir gesprochen

Originaltitel: Glorious Things of Thee Are Spoken
Text: John Newton (1725–1807)
Deutsch: Elli Ertner

1. Herrlich wird von Dir gesprochen,
Zion, Stadt des höchsten Herrn!
Christus wohnt in deiner Mitte,
und Sein Thron wird ewig währn.
Da du bist auf Fels gegründet –
was raubt deinen Frieden hier?
Feste Mauern dich umgeben;
niemand mehr kann schaden dir.

2. Sieh! Der Strom lebend'gen Wassers
aus dem Worte Gottes fließt.
Daraus schöpfen Deine Kinder,
Gnade dort sich reich ergießt.
Wer da kommt und sich erquicket,
den wird niemals dürsten mehr.
Nie wird dieser Strom versiegen,
nie versagt der treue Herr.

3. Selig sind die Kinder Gottes,
rein durch des Erlösers Blut.
Sie sind Könige und Priester,
ganz im Dienst für ihren Gott.
Seine Liebe stärkt und leitet,
schenkt uns Sieg auf Erden schon;
und wir haben täglich, stündlich
Zugang zu des Vaters Thron.

4. Da ich nun allein aus Gnade
Erbe Deines Reiches bin,
mag die Welt mich doch verhöhnen –
ich lob Dich mit Herz und Sinn.
Erdenfreuden sind vergänglich,
all die Schönheit und der Ruhm.
Wahre Freuden, ewge Schätze
sind durch Dich mein Eigentum.

Dieses Lied ist eine Betrachtung darüber, was es bedeutet, zu Gottes Reich und Familie zu gehören. Es ist ein Lied über die Bürgerrechte der Gläubigen. Hauptsächlich werden hiermit die Vorteile dieser Bürgerschaft aufgezählt und besungen; doch in der letzten Strophe erreicht der Sprecher einen entscheidenden Moment der Entschlossenheit, auch angesichts von der Verhöhnung der Welt in der Treue zu verharren. Das Gedicht ist so reich an poetischen Bildern, und mit seinen biblischen Archetypen und Symbolen doch so einfach, dass auch ein gewöhnlicher Mensch sie verstehen und sich daran erfreuen kann.

Das erste große Symbol, das uns begrüßt, ist Zion, die Stadt Gottes. In der Bibel ist Zion der Name, der einem buchstäblichen Berg und der Stadt darauf gegeben wurde, nämlich Jerusalem und dem Tempelberg. Zion ist auch ein biblisches Bild und eine Metapher für den Himmel. Das Zion in Newtons Lied ist ein Sinnbild für die Gemeinschaft der Erlösten – für das geistliche Reich Gottes (s. Hebr. 12,22-24). Nichtsdestotrotz schreibt das Gedicht der geistlichen Stadt in Christus die gleichen Qualitäten zu, die die Psalmisten zur Zeit des Alten Testaments Jerusalem zuschrieben: Sie ist die Wohnstätte Gottes, gegründet auf einem sicheren Felsen, umgeben von Mauern und geschützt vor den Feinden in der Umgebung. In der ersten Strophe werden daher in der Symbolik die Beständigkeit und Sicherheit des Reiches Gottes betont, indem die Stadt als geschützt dargestellt wird.

In Strophe 2 verschiebt sich die Symbolik von der heiligen Stadt zu den Strömen des lebendigen Wassers. Die Energie der Symbolik ist atemberaubend. Aus der Bandbreite möglicher symbolischer Bedeutungen kristallisiert diese Strophe vier Aspekte des Archetyps des fließenden Wassers heraus: seinen Überfluss, seine Fähigkeit, eine Person durch Linderung des Durstes zu erhalten, die Dauerhaftigkeit der Versorgung mit Wasser, und Gott und Sein Wort als Quelle. Angesichts dieses Überflusses, der uns in Christus zur Verfügung steht, schreibt der Dichter: »Wer da kommt und sich erquicket, den wird niemals dürsten mehr. Nie wird dieser Strom versiegen, nie versagt der treue Herr« (s. Joh. 4,10.14; Off. 22,17; Jes. 55,1-3).

Die dritte Strophe richtet unseren Blick auf die Bewohner der Stadt, auf »die Kinder Gottes«, und in welchen Stand Christus sie versetzt hat. Sie sind durch Christi Blut gereinigt, sie sind Könige, die mit Christus schon jetzt siegen

und durch die Verbreitung des Evangeliums herrschen, und auch Priester, die beständigen Zutritt zum Thron der Gnade haben.

Die letzte Strophe bringt einen Hauch von Realismus in die verzückte Betrachtung der Rechte der Bürger, die zu Zion gehören. Ein Kampfmotiv tritt ein, mit einer Erwähnung der Welt, die uns verhöhnt. Die Vergänglichkeit der Erdenfreuden, der irdischen Schönheit und des Ruhmes werden »wahre Freuden« und »ewge Schätze« gegenübergestellt. Dieser Hauch von Realismus schmälert in keiner Weise die umjubelten Herrlichkeiten des Reiches Gottes; aber er macht uns darauf aufmerksam, dass die Zugehörigkeit zu diesem Reich von uns verlangt, dass wir sie allem anderen vorziehen, da wir erkennen, dass die Zugehörigkeit einen Preis fordert.

Der Literaturwissenschaftler Northrop Frye vertrat die Ansicht, dass die Archetypen und Anspielungen in den meisten Werken der Literatur von einem bestimmten Werk aus nach außen in den gesamten Bereich der Literatur reichen, so dass »das Zentrum des literarischen Universums dasjenige Gedicht ist, das wir hier gerade lesen«. Wir können dies beweisen, indem wir uns mit Hilfe einer Konkordanz oder einer Wortsuche zu den Bibelversen führen lassen, aus denen Newton sein Gedicht verfasst hat, und uns Zeit nehmen, um uns in die Bibelstellen zu vertiefen und dann über den Gebrauch nachzudenken, den Newton von jedem einzelnen Hinweis gemacht hat.

Der Ausgangspunkt für dieses Gedicht ist Psalm 87,1-3. Obwohl sich das Gedicht über die ganze Bibel erstreckt, sind der Anfang und das Ende von Psalm 87 die beste Parallelstelle:

> *»Er hat sie gegründet auf heiligen Bergen; der HERR liebt die Tore Zions mehr als alle Wohnungen Jakobs. Herrliches ist über dich verheißen, du Stadt Gottes! ... Und sie singen beim Reigen: ›Alle meine Quellen sind in Dir!‹«*
>
> *Psalm 87,1-3.7*

HERRLICH WIRD VON DIR GESPROCHEN

Glorious Things of Thee Are Spoken

Text: John Newton (1725–1807)
Deutsch: Elli Ertner

Melodie: Niko Derksen

Das größte, stärkste und
mächtigste Plädoyer für
die Gemeinde Gottes in der
Welt ist die Existenz des
Geistes Gottes in ihrer
Mitte, und die Werke des
Geistes Gottes sind die wahren
Beweise für das Christentum.

C.H. SPURGEON

Jesus soll Herr und König sein

Originaltitel: Jesus Shall Reign
Text: Isaac Watts (1674–1748); Keith & Kristyn Getty, Ed Cash (Refr.)
Deutsch: Günter Balders, Elli Ertner (Refr.)

1. Jesus soll Herr und König sein,
so weit erglänzt der Sonne Schein;
Sein göttlich' Reich wird noch bestehn,
wenn Erd und Himmel untergehn.

Refrain:
Preis bring ich dem König dar,
Dem, der ewig ist und war,
der gerecht und treu regiert –
Jesus regiert.

2. Ihn krönt Gebet und Lobgesang;
Ihm gilt auf ewig aller Dank.
Sein Name fällt des Bösen Fluch
und füllt die Welt mit Wohlgeruch.

3. Menschen aus jedem Volk und Land
reicht Er aus Liebe Seine Hand;
und schon das Lob aus Kindermund
macht Seine Herrschaft allen kund.

4. Wo Er regiert, wird alles neu.
Seht: Die Gefangnen macht Er frei,
Fremde lädt Er bei sich zu Gast
und nimmt den Müden ihre Last.

5. Alle Geschöpfe, nah und fern,
bringt euren Dank und preist den Herrn!
Rühm Seinen Namen, Engelheer!
Welt, singe Amen! Ihm sei Ehr!

Wir können damit beginnen, dass wir die offensichtlichen Merkmale dieses Liedes festhalten. Jede Strophe identifiziert Jesus mit königlichen Begriffen, mit Worten wie *Herr, König, Sein Reich, Er regiert, Ihn krönt*... und *Herrschaft*. Darüber hinaus betonen die erste, die dritte und die letzte Strophe die Universalität der Regentschaft Gottes, und die Bildsprache dieses Motivs ist so kraftvoll und eindringlich, dass wir die beiden dazwischenliegenden Strophen ganz natürlich als Erklärung der Universalität der Königsherrschaft Gottes verstehen. Das Gedicht erscheint uns vertraut, weil es zu einer umfangreichen Gattung aus den Psalmen gehört – nämlich den Lobpreispsalmen. In dieser Hinsicht erkennen wir ohne Weiteres den Aufruf, Gott zu loben (»Alle Geschöpfe ... preist den Herrn!«), das Motiv der universalen Herrschaft Gottes und die typischen Psalm-Elemente (z. B. Gebet und Lobgesang, Lob aus Kindermund, Erd' und Himmel). Wir haben geradezu das Empfinden, einen Psalm zu lesen.

Der Kontext, in dem wir ein Gedicht verinnerlichen, kann das, was wir darin sehen, beeinflussen, und dieses Gedicht veranschaulicht diese Tatsache der Interpretation besonders gut. Zunächst einmal nahm sich Isaac Watts vor, die alttestamentlichen Psalmen systematisch in Lieder zu fassen, und dieses Lied wurde erstmals in seinem Band »Die Psalmen in der Sprache des Neuen Testaments« veröffentlicht. Die Wirkung ist ähnlich wie bei der Lesung Jesu von Jesaja 61,1-2 in der Synagoge und Seiner anschließenden Verkündigung: *»Heute ist diese Schrift erfüllt vor euren Ohren!« (Lk. 4,21)*. Literaturwissenschaftler wenden das Adjektiv *intertextual* auf solche Situationen an, was bedeutet, dass ein Autor einen früheren Text so wiedergibt, dass wir diese beiden Texte direkt miteinander verbinden.

Die meisten von uns würden dieses Gedicht in den Kontext der Weltmission stellen, da es den Gedanken vermittelt, dass die Herrschaft Christi sich in der Welt immer weiter ausbreitet.

Es spricht in der ersten Strophe davon, dass die Königsherrschaft Jesu ewig ist, und es erklärt in den folgenden Strophen, worin sie besteht:

Er hat die Macht des Bösen gebrochen (Str. 2), sodass sich immer mehr Menschen aus immer mehr Nationen bekehren (Str. 3). Menschen aus allen Stämmen und Sprachen, aus jeder Bevölkerungsschicht und jedem Alter werden von Christus errettet und beten Ihn an. Wo Sein Wort gepredigt wird,

verwandelt Er Leben, schenkt Schutz, nimmt die Last weg (Str. 4). Und das Ergebnis all dessen ist, dass Er von allen Geschöpfen, von Menschen und Engeln, angebetet wird oder werden soll (Str. 5). Er ist unseres Lobes und Dankes würdig (Str. 2). Welch eine großartige Anbetung Gottes!

Als Teil seines Plans, die alttestamentlichen Psalmen in Lieder zu fassen, hat Isaac Watts »Jesus soll Herr und König sein« mit Psalm 72 verbunden. Hier sind drei Verse aus diesem Psalm:

> *»So wird man Dich fürchten, solange die Sonne besteht, und der Mond, von Geschlecht zu Geschlecht …*
>
> *Und Er wird leben, und man wird Ihm vom Gold aus Saba geben; und man wird allezeit für Ihn beten, täglich wird man Ihn segnen …*
>
> *Ja, gepriesen sei Sein herrlicher Name ewiglich, und die ganze Erde sei erfüllt von Seiner Herrlichkeit! Amen, ja, Amen!«*
>
> *Psalm 72,5.15.19*

JESUS SOLL HERR UND KÖNIG SEIN

Jesus Shall Reign

Text: Isaac Watts (1674–1748)
Deutsch: Günter Balders, Elli Ertner (Refr.)

Melodie: John W. Hatton (1710–1793)
Text & Melodie (Refr.): Keith & Kristyn Getty, Ed Cash

*Er ist nicht nur der
dir innewohnende Erlöser,
sondern auch dein König,
der alles beherrscht. Er wirkt
in dir, was du selbst nicht
vermagst, und Er wirkt
außerhalb von dir, wozu du keine
Macht und Autorität hast.*

PAUL D. TRIPP

Mein Glaube fest sich bauen kann

Originaltitel: The Solid Rock
Text: Edward Mote (1797–1874)
Deutsch: Niko Derksen

1. Mein Glaube fest sich bauen kann
auf das, was Gott für mich getan,
als der Gerechte für mich starb
und mir, dem Sünder, Heil erwarb.

Refrain:
Christus, mein Felsen, hält mich fest.
Auf Ihn sich ganz mein Herz verlässt,
da alles sonst mich wanken lässt.

2. Wenn tiefes Leid mir trübt die Sicht,
ruh ich in Seiner Gnade Licht.
In jedem Sturm, in Kampf und Streit
mir dieser Felsen Halt verleiht.

3. Sein Wort, Sein Bund, Sein teures Blut
sind Seiner Kinder höchstes Gut.
Wenn jeder andre Grund zerfällt,
ist Er der Herr, der mich erhält.

4. Wenn ich vor Gottes Thron erschein,
darf ich mit Ihm vereinigt sein,
gekleidet in Gerechtigkeit,
von Sündenflecken ganz befreit.

Zusammen mit einigen anderen Auszügen aus diesem Sammelband ist uns dieses Lied unter anderem deshalb bekannt, weil wir es zu einer lebendigen Melodie singen. Einige Gedichte, die zu dieser Kategorie gehören, wären ohne ihren musikalischen Hintergrund hier wohl nicht aufgenommen worden. Das ist aber keineswegs eine abwertende Eigenschaft; unsere Aufgabe ist es jedoch, einem Lied, das unsere Herzen schon aus anderen Gründen für sich erobert hat, ein Element literarischer Analyse hinzuzufügen.

Eine weitere Gemeinsamkeit dieses Liedes mit vielen anderen in diesem Sammelband ist, dass sein Autor ein Pastor war, der Lieder für seine Gottesdienste verfasste. Edward Mote wurde von ungläubigen Eltern großgezogen, die eine Kneipe im Zentrum Londons besaßen. Er wurde im Alter von fünfzehn Jahren errettet, war bis zum Alter von fünfundfünfzig Jahren Tischler und wurde dann für zwei Jahrzehnte Pastor einer Baptistengemeinde. Als Mote an einem Sonntag ein Ehepaar aus seiner Gemeinde besuchte, das ans Bett gefesselt war, informierte ihn dieses Paar über ihre sonntägliche Routine, ein Lied zu singen und in der Bibel zu lesen. Mote griff daraufhin in seine Tasche und holte das Lied heraus, das er in der Woche zuvor auf dem Weg zu einem Dienst geschrieben hatte. Die drei sangen dann zum ersten Mal dieses wunderbare Lied: »Mein Glaube fest sich bauen kann«.

In jeder Strophe dieses Liedes treffen zwei Themen aufeinander. Wenn wir jeweils beide erkannt haben, können wir sie zu einer Aussage mit einheitlichem Thema verschmelzen. Erstens betont und bejubelt jede Strophe die Gewissheit, die der Dichter als Christ erlebt. Der Gläubige besitzt etwas, das stabil, dauerhaft und verlässlich ist. Die Gewissheit nimmt dem Dichter alle Zweifel. Zweitens wird in jeder Strophe Christus als Grundlage dieser Sicherheit genannt. Das Thema des Gedichts ist also das Erlösungswerk des Herrn Jesus als sichere Grundlage der unerschütterlichen Hoffnung eines Gläubigen.

Doch inwiefern ist Christus diese Grundlage? Das erläutern die einleitenden Zeilen: Christi Werk – Sein gerechtes Leben und Sein stellvertretender Sühnetod für Sünder sind das Fundament, auf dem mein Glaube sich gründen, auf dem ich sicher stehen kann.

In den beiden folgenden Strophen kommt eine Spannung zum Tragen: Einerseits finden wir Hinweise auf tiefes Leid, das uns den Blick trübt, auf raue und wilde Stürme des Lebens und auf einen umfassenden Verlust aller

menschlichen Kräfte, die in den Extremsituationen des Lebens Unterstützung bieten könnten (»Wenn jeder andre Grund zerfällt«). Auf der anderen Seite steht der Herr als siegreicher Überwinder, der im Sturm ein fester Felsen ist, der sicher steht und ewig bleibt, trotz all der Unsicherheit und Gefahr ringsum.

Der Kontext, in dem die Gewissheit in der letzten Strophe bekräftigt wird, ist das Jüngste Gericht, in welchem es ein verborgenes Element der Bedrohung gibt. Denn vor dem Gerichtsthron Gottes zu stehen, bedeutet für jeden Menschen, dass er beurteilt wird und auf der Grundlage alles dessen, *»was er durch den Leib gewirkt hat«*, womöglich verdammt werden könnte (2.Kor. 5,10). Doch auch in diesem Moment wird der einzige Halt des Gläubigen Christus sein. Seine Gerechtigkeit wurde ihm durch Seinen Opfertod angerechnet. Sein Blut hat alle seine Sünden abgewaschen.

Der Refrain ist ein gelungener Abschluss. Er bringt den zentralen Gegensatz auf den Punkt, den wir in jeder Strophe zwischen der Zuverlässigkeit des Erlösungswerkes Christi und der letztendlichen Unzuverlässigkeit von allem anderen im Leben erkennen konnten.

Dieses Lied verweist auf viele verschiedene Stellen in der Bibel. Doch durch die ersten drei Strophen zieht sich offensichtlich das Gleichnis Jesu von dem klugen und dem törichten Mann, von denen jeder für sich ein Haus gebaut haben:

> *»Ein jeder nun, der diese Meine Worte hört und sie tut, den will Ich mit einem klugen Mann vergleichen, der sein Haus auf den Felsen baute. Als nun der Platzregen fiel und die Wasserströme kamen und die Winde stürmten und an dieses Haus stießen, fiel es nicht; denn es war auf den Felsen gegründet.*
>
> *Und jeder, der diese Meine Worte hört und sie nicht tut, wird einem törichten Mann gleich sein, der sein Haus auf den Sand baute. Als nun der Platzregen fiel und die Wasserströme kamen und die Winde stürmten und an dieses Haus stießen, da stürzte es ein, und sein Einsturz war gewaltig.«*
>
> *Matthäus 7,24-27*

MEIN GLAUBE FEST SICH BAUEN KANN

The Solid Rock

Text: Edward Mote (1797–1874)
Deutsch: Niko Derksen

Melodie: William B. Bradbury (1816–1868)

Herr Jesus, Du bist meine Gerechtigkeit, ich bin Deine Sünde. Du hast auf Dich genommen, was mein war, und hast auf mich gelegt, was Dein war. Du wurdest das, was Du nicht warst, damit ich das werde, was ich nicht war.

MARTIN LUTHER

Führe, Herr, mich wie ein Hirte

Originaltitel: Savior, Like a Shepherd Lead Us
Text: Dorothy A. Thrupp (1779–1847)
Deutsch: Niko Derksen

1. Führe, Herr, mich wie ein Hirte,
ich bin schutzlos ohne Dich.
Nähre mich auf guten Weiden,
durch Dein Wort, Herr, stärke mich.
Welche Gnade gabst Du mir, Herr:
Ich bin Dein, Du starbst für mich!

2. Ich bin Dein allein aus Gnade,
Du hast mich gerecht gemacht.
Herr, bewahre mich vor Sünde,
leite mich bei Tag und Nacht.
Welch ein Vorrecht gibst Du mir, Herr:
Wenn ich bete, hörst Du mich!

3. Du versprachst, mich zu empfangen,
der ich arm und sündig bin.
Deine Liebe, Dein Erbarmen
leiteten mich zu Dir hin.
Welche Rettung gabst Du mir, Herr;
preis sei Dir, Du bist mein Heil!

4. Neig mein Herz und die Gedanken,
Deinen Willen nur zu tun.
Lass Dein Wort mein Leben leiten
und mein Herz in Deinem ruhn!
Welch Erbarmen schenkst Du mir, Herr:
Deine Liebe trägt mich durch!

Dieses Gedicht geht von einem der zentralen Archetypen der Bibel aus – nämlich von Gott als dem Hirten, der für diejenigen sorgt, die Ihm folgen. Im Neuen Testament wird dieser Archetyp spezifischer auf Jesus als den Guten Hirten bezogen. Wir sollten die berühmten »Hirtenpassagen« der Bibel, wie Psalm 23 und Johannes 10,1-18, in unser Bewusstsein eindringen lassen, während wir das Gedicht lesen und darüber nachsinnen.

Die Gattung und Form des Gedichts sind die eines Gebets. Von Anfang bis Ende spricht der Redner in seinen Gedanken zu dem Herrn Jesus.

Dieses Gedicht ist als Kinderlied bekannt, doch ist diese Bezeichnung irreführend. Es stimmt, dass die Autorin eine Verfasserin von Kindergedichten und -liedern war. Wenn wir dieses Lied jedoch näher betrachten, erkennen wir schnell, dass es das Gebet eines Gotteskindes zu seinem Vater ist.

Die ersten beiden Strophen sind eng an Psalm 23 angelehnt und deuten klar auf Jesus als den Hirten hin, wobei die erste Strophe das Motiv der Weideflächen zu Beginn des Psalms und die zweite Strophe das Motiv der Führung, des Schutzes und der Rettung in der Mitte des Psalms aufgreift.

Der besondere Schwerpunkt der dritten Strophe liegt auf der Würdigung des Erlösungswerkes und der Macht des Herrn. Die Dichterin denkt darüber nach, dass sie arm war und dem Herrn nichts bringen konnte als nur ihre Sünde. Sie hatte den Herrn auch nicht selbst gesucht, sondern Er zog sie voller Liebe und Erbarmen zu sich. Darüber staunt sie und schreibt dem Herrn alle Ehre für ihre Errettung zu.

Die letzte Strophe setzt die Entwicklung des Gedichts fort und beendet es mit der Bitte, Gottes Willen zu suchen und zu lieben, Sein Wort als Richtschnur des Lebens zu behalten und in Christus zu ruhen.

Ich möchte persönlich bezeugen, dass ich bei der näheren Beschäftigung mit den Liedern in diesem Sammelband immer wieder von meinen vagen Eindrücken und unzutreffenden Vermutungen bezüglich vieler Lieder überführt worden bin. Die Auseinandersetzung mit den Texten hat mich regelmäßig korrigiert. In Bezug auf dieses Gedicht stelle ich nun fest, dass es nicht vollständig auf Hirtenbildern aufgebaut ist, wie mich die Einleitung zu der Annahme veranlasst hatte, und dass es zudem kein Kinderlied ist, obwohl dessen Gefühlsregungen auf Kinder in angemessener Weise anwendbar sind (solange wir uns als Erwachsene nicht davon ausschließen).

Das gesamte Gedicht greift zwar auf Hirtenbilder zurück, doch der größte Teil davon stützt sich auf die Theologie der Erlösung in Christus und der Ausrichtung des Gläubigen auf Ihn. Das gilt auch für die Rede Jesu vom Guten Hirten (Joh. 10,1-18), die hier auszugsweise wiedergegeben ist:

»Ich bin die Tür für die Schafe …

Ich bin der gute Hirte und kenne die Meinen und bin den Meinen bekannt, gleichwie der Vater Mich kennt und Ich den Vater kenne; und Ich lasse Mein Leben für die Schafe.«

Johannes 10,7.14-15

FÜHRE, HERR, MICH WIE EIN HIRTE

Savior, Like a Shepherd Lead Us

Text: Dorothy A. Thrupp (1779–1847)
Deutsch: Niko Derksen

Melodie: William B. Bradbury (1816–1868)

Gott hat in sich alle Macht,
um dich zu beschützen,
alle Weisheit, um dich zu leiten,
alle Barmherzigkeit, um dir
zu vergeben, alle Gnade, um dich
zu bereichern, alle Gerechtigkeit,
um dich zu kleiden, alle Güte,
um dich zu versorgen, und alle
Freude, um dich zu krönen.

THOMAS BROOKS

Nimm mein Leben

Originaltitel: Take My Life and Let It Be
Text: Frances R. Havergal (1836–1879)
Deutsch: Dora Rappard (1842–1923)

1. Nimm mein Leben, Jesus, Dir
übergeb ich's für und für.
Nimm Besitz von meiner Zeit;
jede Stund sei Dir geweiht.

2. Nimm Du meine Hände an,
zeig mir, wie ich dienen kann.
Nimm die Füße, mach sie flink,
Dir zu folgen auf den Wink!

3. Nimm die Stimme, lehre mich
reden, singen nur für Dich;
nimm, o Herr, die Lippen mein,
lege Deine Worte drein!

4. Nimm mein Gold und Silber hin,
lehr mich tun nach Deinem Sinn;
nimm die Kräfte, den Verstand
ganz in Deine Meisterhand!

5. Nimm, Herr, meinen Willen Du,
dass er still in Deinem ruh.
Nimm mein Herz, mach hier es schon
Dir zum Tempel und zum Thron!

6. Nimm Du meiner Liebe Füll,
Jesus, all mein Sehnen still!
Nimm mich selbst und lass mich sein
ewig, einzig, völlig Dein!

T. S. Eliot, ein Dichter aus der Literaturepoche der Moderne, äußerte einmal die Befürchtung, dass Autoren hingebungsvoller Poesie der »Gefahr« (Eliots Ausdruck) ausgesetzt seien, das zu schreiben, was sie *gern* fühlen *würden,* anstatt das, was sie *tatsächlich* empfinden. Wir neigen dazu, Eliots Angst dann am meisten zu teilen, wenn Dichter außergewöhnliche Empfindungen der Hingabe ausdrücken, die über das hinausgehen, was wir selbst erreicht haben. Sicherlich – so sagen wir uns – empfindet niemand *derart* stark, selbstlos oder rein.

Zwei Dinge lassen sich sagen, um unsere Skepsis und potenzielle Kritik einzudämmen. Das erste ist, dass es für Dichter sowohl üblich als auch angemessen ist, Empfindungen auszudrücken, die ein Ideal darstellen, nach dem sie und wir streben. Dichter von Liebespoesie drücken zum Beispiel eine Intensität romantischer Leidenschaft und Hingabe an ihre Geliebten aus, die über das hinausgeht, was wir normalerweise empfinden (wobei das Hohelied Salomos ein bemerkenswertes Beispiel ist).

Zweitens stellt sich oft heraus – wenn wir genug über das Leben eines Autors oder über die Erfahrungen und Umstände, in denen ein bestimmtes Gedicht entstanden ist, wissen –, dass das Gedicht gar nicht so lebensfern ist. »Nimm mein Leben« kann ein Beispiel dafür sein.

Die Autorin, Frances Havergal, litt fast ihr ganzes Leben lang an Krankheiten und starb schon im Alter von zweiundvierzig Jahren. Sie selbst hinterließ einen Bericht über die Entstehungsgeschichte dieses Gedichts. Sie besuchte fünf Tage lang ein Haus, in dem zehn Personen wohnten, die alle eine Reihe von geistlichen Nöten hatten. Frances betete: »Herr, lass mich das Werkzeug sein, das sie zur Umkehr führt oder ihnen die Freude über ihre Errettung zurückbringt.« Gott erhörte ihr Gebet, und in ihrer letzten Nacht in diesem Haus war Frances zu glücklich, um schlafen zu können. Sie erneuerte ihre eigene Hingabe, und dieses Gedicht begann in ihrer Vorstellung Gestalt anzunehmen.

Vier Jahre nach der Abfassung des Gedichtes wurde Havergal durch ihre eigenen Worte, dass sie ihr Silber und Gold nicht zurückhalten wolle, so überführt, dass sie eine ganze Kiste mit ihrem wertvollen Schmuck füllte und an das Missionshaus der Gemeinde schickte.

Außerdem beschloss Frances, die in ihren jungen Jahren Konzertsängerin war, nur noch geistliche Musik zu singen, ganz nach dem Motto ihres Liedes: »Nimm die Stimme, lehre mich, reden, singen nur für Dich!«

Die Dichterin weiht sich damit ganz dem Dienst Gottes bzw. gibt sich Seinem Dienst ganz hin und folgt dem Beispiel Abrahams, der von Gott dafür gewürdigt wurde, dass er seinen einzigen Sohn *nicht verschont* hatte (1.Mo. 22,16). Darüber hinaus ist das Gedicht eine direkt an Gott gerichtete Bitte, jeden Bereich unseres Lebens umzugestalten, sodass es in jeder Beziehung Gott wohlgefällt und Ihn ehrt.

Das Gedicht ist ein Meisterwerk der Einfachheit und Symmetrie. Es besteht aus zwölf parallelen Sätzen; jeder Satz ist ein Reimpaar, das mit der Formulierung »Nimm mein …« beginnt. Außerdem hat jedes Paar sein eigenes Thema, so dass jede Strophe aus zwei sich ergänzenden Hälften besteht. So entfaltet sich der Umfang der *Gott dargebrachten Lebensbereiche* Strophe für Strophe: Leben und Zeit, Hände und Füße, Stimme und Lippen, Besitz, Kräfte und Verstand; Wille und Herz; Liebe und mich selbst. Die steigernde Wirkung ist Teil der Genialität des Gedichts.

Uns selbst, unsere Fähigkeiten und unseren Besitz in der in dem Lied »Nimm mein Leben« beschriebenen Weise Gott zu weihen, beinhaltet, diese Dinge Gott zu opfern bzw. Ihm darzubringen. In Römer 12,1 wird genau ein solches Opfer als ein wesentlicher Bestandteil des christlichen Lebens und der christlichen Pflicht betont:

> *»Ich ermahne euch nun, ihr Brüder, angesichts der Barmherzigkeit Gottes, dass ihr eure Leiber darbringt als ein lebendiges, heiliges, Gott wohlgefälliges Opfer: Das sei euer vernünftiger Gottesdienst!«*

NIMM MEIN LEBEN

Take My Life and Let It Be

Text: Frances R. Havergal (1836–1879)
Deutsch: Dora Rappard (1842–1923)

Melodie: Henry A.C. Malan (1787–1864)

5. Nimm, Herr, meinen Willen Du,
dass er still in Deinem ruh.
Nimm mein Herz, mach hier es schon
‖: Dir zum Tempel und zum Thron! :‖

6. Nimm Du meiner Liebe Füll,
Jesus, all mein Sehnen still!
Nimm mich selbst und lass mich sein
‖: ewig, einzig, völlig Dein! :‖

Herr, zünde an den toten
Reisighaufen meines Lebens,
gib, dass ich aufflamme
und für Dich verbrenne.
Verzehre mein Leben,
denn es ist Dein.

JIM ELLIOT

Möge, Herr, Dein Sinn mich führen

Originaltitel: May the Mind of Christ My Savior
Text: Kate B. Wilkinson (1859–1928)
Deutsch: Elli Ertner

1. Möge, Herr, Dein Sinn mich führen,
in mir leben Tag für Tag,
und in allem mich regieren,
was ich tue, was ich sag!
Möge Gottes Wort, die Wahrheit,
reichlich wohnen hier in mir,
damit alle es erkennen,
dass ich lebe, Herr, mit Dir!

2. Möge, Herr, Dein tiefer Friede
stets regieren meinen Sinn,
dass in Nöten und in Trauer
ich zu trösten fähig bin!
Möge Deine große Liebe
mich erfüllen immer mehr,
dass mein Leben Dich verherrlicht,
der Du König bist und Herr!

3. Stärke täglich mich im Kampf, Herr,
hilf, zu laufen meine Bahn!
Während ich auf Dich vertraue,
kann ich mutig gehn voran.
Mög ich Dich stets widerspiegeln
und Dein treuer Zeuge sein,
sodass Leute in mir sehen
Dich, Herr Jesus, ganz allein!

Das offensichtlichste Merkmal dieses Gedichtes ist seine sich wiederholende Form, in der die Dichterin (und wir mit ihr) eine Reihe von geistlichen Handlungen und Qualitäten unter Verwendung des Modalverbs *möge* aufzählt. Was beabsichtigen wir, wenn wir sagen, »möge« dies oder jenes geschehen? Es ist sicherlich ein Wunsch oder Begehren – aber in einem geistlichen Kontext trägt es auch die Kraft eines Gebets in sich. Die Reihe der Wünsche und Bitten in diesem als Gedicht formulierten Gebet ist eine Erklärung dessen, was die Dichterin für sich und für den Leser erreichen will. Es handelt sich um geistliche Ziele für ihr und unser Leben – eine Wunschliste geistlich gesonnener Christen.

Rhetorisch gesehen ist das Gedicht ein gekonnt verfasstes Werk, das dem folgt, was C.S. Lewis in seinem Buch »Das Gespräch mit Gott – Beten mit den Psalmen« das Grundprinzip aller Kunst nennt – nämlich »das Gleiche im Anderen«. In diesem Gedicht besteht das Element der Gleichheit darin, dass fast jede Strophe der gleichen rhetorischen Form folgt, angefangen mit einer grammatikalischen Konjunktivaussage, die mit dem Wort *möge* beginnt. Ebenfalls von Strophe zu Strophe übertragen wird die Erwähnung einer bestimmten geistlichen Tugend, nach der sich die Dichterin sehnt, um die sie betet und zu der sie sich verpflichtet.

Das Element der Andersartigkeit besteht darin, dass jede Strophe andere geistliche Tugenden benennt und entwickelt, und dabei auf Bibelversen aufbaut.

STROPHE 1:

»Möge, Herr, Dein Sinn mich führen«, basiert auf Philipper 2,5: *»Denn ihr sollt so gesinnt sein, wie es Christus Jesus auch war.«*

»Möge Gottes Wort, die Wahrheit, reichlich wohnen hier in mir« ist eine Anwendung des in Kolosser 3,16 genannten Gebots: *»Lasst das Wort des Christus reichlich in euch wohnen …«*

STROPHE 2:

»Möge, Herr, Dein tiefer Friede stets regieren meinen Sinn« spiegelt Kolosser 3,15 wider: *»Und der Friede Gottes regiere in euren Herzen …«*

»Möge Deine große Liebe mich erfüllen immer mehr« – hierin findet sich ein Echo aus Epheser 3,17-19: *»... damit ihr ... dazu fähig seid, ... die Liebe des Christus zu erkennen, ... damit ihr erfüllt werdet bis zur ganzen Fülle Gottes.«*

STROPHE 3:

»Stärke täglich mich im Kampf, Herr, hilf, zu laufen meine Bahn!« basiert auf Hebräer 12,1: *»... lasst uns mit Ausdauer laufen in dem Kampf, der vor uns liegt ...«*

»Mög ich Dich stets widerspiegeln« stammt aus 2. Korinther 3,18: *»Wir alle aber, indem wir mit unverhülltem Angesicht die Herrlichkeit des Herrn anschauen wie in einem Spiegel, werden verwandelt in dasselbe Bild ...«*

Dieses Muster ist offensichtlich mit großem Geschick ausgearbeitet; aber es bleibt noch mehr zu erwägen. Nur die ersten beiden Zeilen jeder Strophe stammen direkt aus einer bestimmten Bibelstelle. Die restlichen zwei Zeilen stellen dar, was die Dichterin mit dem einleitenden Gedanken aus der Bibel zu tun beschloss. Nachdem wir jede zweizeilige Fortsetzung an ihrem Platz in einer bestimmten Strophe betrachtet haben, können wir die abschließenden Zeilenpaare zusammenfügen und nach einheitlichen Mustern suchen. Was all diese Passagen gemeinsam haben, ist, dass Christus in meinem Leben größer und sichtbarer werden und ich selbst in den Hintergrund treten möge.

Dieses Gedicht ist eine Selbstverpflichtung, die geistlichen Tugenden in der Praxis auszuleben, die in jeder Strophe erwähnt werden; aber es ist auch eine Selbstprüfung dessen, was wir uns für unser Leben am meisten wünschen. An dieser Stelle können wir die These von William Wordsworth gewinnbringend anwenden, dass ein lyrisches Gedicht unsere Gefühle berichtigen oder korrigieren kann, zusammen mit John Miltons ähnlicher Sichtweise, dass ein Gedicht die Emotionen – die Empfindungen und Wünsche und die Neigung unseres Wil-

lens – in die richtige Richtung lenken kann. Jenes Verlangen, das in diesem Gedicht zum Ausdruck kommt, gebietet unserer häufigen Neigung zur Selbstverherrlichung Einhalt, damit wir uns Christus unterwerfen und Ihn allein verherrlichen.

Ein Grund, warum uns dieses Gedicht vertraut erscheint, ist, dass es in einem Stil geschrieben wurde, den man regelmäßig in den neutestamentlichen Briefen findet, in denen der Autor einen Wunsch oder ein Gebet im Konjunktiv ausdrückt. Hier ist eine dieser Passagen:

> *»Deshalb beten wir auch allezeit für euch, dass unser Gott euch der Berufung würdig mache und alles Wohlgefallen der Güte und das Werk des Glaubens in Kraft zur Erfüllung bringe, damit der Name unseres Herrn Jesus Christus in euch verherrlicht werde und ihr in Ihm, gemäß der Gnade unseres Gottes und des Herrn Jesus Christus.«*
>
> *2. Thessalonicher 1,11-12*

MÖGE, HERR, DEIN SINN MICH FÜHREN

May the Mind of Christ My Savior

Text: Kate B. Wilkinson (1859–1928)
Deutsch: Elli Ertner

Melodie: Lloyd Larson

O Gott, Dir sei Ehre!

Originaltitel: To God Be the Glory
Text: Fanny J. Crosby (1820–1915)
Deutsch: Charlotte Sauer (1898–1984)

1. O Gott, Dir sei Ehre, der Großes getan!
Du liebtest die Welt, nahmst der Sünder Dich an.
Dein Sohn hat Sein Leben zum Opfer geweiht –
der Himmel steht offen zur ewigen Freud!

Refrain:
Preist den Herrn! Preist den Herrn!
Erde, hör diesen Schall!
Preist den Herrn! Preist den Herrn!
Völker, freuet auch all!
O kommt zu dem Vater – in Jesus wir nahn –
und gebt Ihm die Ehre, der Großes getan!

2. O große Erlösung, erkauft durch Sein Blut!
Dem Sünder, der glaubt, kommt sie heute zugut.
Die volle Vergebung wird jedem zuteil,
der Jesus erfasset, das göttliche Heil.

3. Wie groß ist Sein Lieben! Wie groß ist Sein Tun,
wie groß unsre Freude, in Jesus zu ruhn!
Doch größer und reiner und höher wird's sein,
wenn jubelnd und schauend wir droben ziehn ein!

Zunächst muss etwas über die Verfasserin dieses Liedes und über die Geschichte seiner Verbreitung gesagt werden. Fanny J. Crosby wurde in der Nähe von New York City geboren und hatte zeitlebens ein starkes puritanisches Familienerbe. Sie war vom Alter von sechs Jahren an bis zu ihrem Tod im Alter von fünfundneunzig Jahren blind. Sie schrieb mehr als 8000 Lieder sowie 1000 Gedichte. Außerdem setzte sie sich für zahlreiche Anliegen ein, darunter auch für die Blinden. Obwohl das Lied »O Gott, Dir sei Ehre!« in den Vereinigten Staaten verfasst und veröffentlicht wurde, ist es durch die Evangelisationen von Moody zuerst in Großbritannien bekannt geworden. In den Vereinigten Staaten war es relativ unbekannt, bis es seit den 1950er Jahren auch dort in den Gemeinden gesungen wurde.

Das Gedicht greift etwas auf, das zum Kern des christlichen Glaubens gehört und worauf in der reformierten Lehre besonderer Wert gelegt wird. 1. Korinther 10,31 bringt das Prinzip auf den Punkt: *»Ob ihr nun esst oder trinkt oder sonst etwas tut – tut alles zur Ehre Gottes!«* Die Antwort auf die erste Frage im Westminster Katechismus lautet: »Das höchste Ziel des Menschen ist, Gott zu verherrlichen und sich für immer an Ihm zu erfreuen.« Johann Sebastian Bachs Signatur auf allen seinen geistlichen Kompositionen war das lateinische Motto »Soli Deo Gloria« – Gott allein sei die Ehre. Crosbys bekanntes Lied passt genau in diese Grundhaltung, die alle Christen anstreben sollten.

Der Schwerpunkt des Gedichts liegt speziell auf der Ehre, die Gott für Sein Erlösungswerk in Christus verdient. Gott hat viele »große Dinge« getan; aber dieses Gedicht preist vor allem dieses eine großartige Werk. Die Gattung ist das Lobpreisgedicht, das den alttestamentlichen Lobpreispsalmen nachempfunden ist. Die drei Strophen drücken das eigentliche Lob aus, und der Refrain entspricht dem herkömmlichen Aufruf oder Gebot an die Menschen: *»Preist unseren Gott…!« (Ps. 66,8).*

Wir können den Inhalt der ersten beiden Strophen treffend als Einführung in das Evangelium der Erlösung beschreiben.

In der **ersten** Strophe werden die Fakten über das stellvertretende Sühnopfer Jesu für die Sünde dargelegt, womit wir das Handeln Gottes im Heilsgeschehen verkünden.

In der **zweiten** Strophe wird die Bedingung erläutert, die Sünder erfüllen müssen, um Gottes Ruf zur Errettung folgen zu können – nämlich an Jesus als den Retter zu glauben.

In der **dritten** Strophe nimmt das Gedicht die vertraute eschatologische Wendung, indem es unseren Blick auf die Vollendung der Erlösung im Himmel lenkt. Das Gedicht behandelt dies als den Höhepunkt einer Realität, die während unseres Erdendaseins unvollständig ist. Dies bringt ein Gefühl der Sehnsucht hervor, vom »Großen« (in der ersten Zeile der letzten Strophe) zum »Größeren« (in der dritten Zeile) überzugehen.

Von Anfang bis Ende bietet dieses Gedicht ein großartiges Gegenmittel gegen die Selbstverliebtheit und Selbstdarstellung unserer eigenen Kultur. Es ruft uns auf, Gott zu verherrlichen und zu preisen, und nicht uns selbst.

Die höchste Tat Gottes, für die Er Ehre verdient, ist Sein Erlösungswerk. Ein sehr bekannter Bibelvers fasst diese Tat zusammen und steht hinter Crosbys bekanntem Gedicht:

> *»Denn so [sehr] hat Gott die Welt geliebt, dass Er Seinen eingeborenen Sohn gab, damit jeder, der an Ihn glaubt, nicht verlorengeht, sondern ewiges Leben hat.«*
>
> *Johannes 3,16*

O GOTT, DIR SEI EHRE!

To God Be the Glory

Text: Fanny J. Crosby (1820–1915)
Deutsch: Charlotte Sauer (1898–1984)

Melodie: William H. Doane (1832–1915)

Das Werk der Schöpfung war groß, aber das Werk der Erlösung ist noch größer; es kostete Ihn mehr, uns zu erlösen, als uns zu erschaffen; in dem einen Fall brauchte Er nur ein Wort zu sprechen, im anderen Fall musste Er Sein Blut vergießen.

THOMAS WATSON

Christus ist der wahre Eckstein

Originaltitel: Christ Is Made the Sure Foundation
Text: aus dem Lateinischen von John M. Neale (1818–1866)
Deutsch: Elli Ertner

1. Christus ist der wahre Eckstein,
der Gemeinde Fundament,
von dem Herrn erwählt und kostbar,
der Sein Volk in sich vereint.
Jesus Christus, großer Retter,
nichts Dich von den Deinen trennt.

2. Jesu heilige Gemeinde,
die voll Liebe Er gewann,
singt Ihm Lob- und Jubellieder,
freut sich, ihrem Herrn zu nahn.
Den Dreieinigen, den Herrscher,
betet voller Freude an!

3. Und zu Dir, o Gott, Du Höchster,
komm ich täglich im Gebet
und empfang aus Deiner Fülle,
was im Glauben ich erfleht.
Schenke Deinen großen Segen,
ja, bei Dir, Herr, alles steht.

4. Preis und Ehre sei dem Vater,
Preis und Ehre sei dem Sohn,
Preis und Ehre sei dem Tröster,
singen wir im Freudenton!
Eins in Macht und Pracht und Größe,
herrschst Du ewig auf dem Thron!

Der Dichter dieses Liedes, John M. Neale, ist einer der bekanntesten Übersetzer von Liedern ins Englische. Das Lied »Christus ist der wahre Eckstein« erarbeitete Neale aus einem lateinischen Original das im siebten Jahrhundert verfasst worden war. Schon von der ersten Zeile an wirkt das Gedicht gehaltvoll. Diese inhaltliche Tiefgründigkeit des Denkens und Empfindens wird durch eine Bildsprache ausgedrückt, die beim Lesen oder Singen der Worte Zuversicht hervorruft. Dies ist ein Lied zur Verherrlichung Gottes.

Die thematische Gliederung des Gedichts zeigt den Verlauf von Strophe zu Strophe.

Die erste Strophe ist eine erhebende Erklärung der Stellung Christi in der Gemeinde.

Die zweite Strophe ist ähnlich erklärenden Charakters, aber ihr Schwerpunkt verlagert sich von Christus, wie Er in sich Selbst ist, auf den Lobpreis und die Anbetung, die die Gemeinde Ihm entgegenbringt.

In Strophe 3 verschiebt sich der Fokus von der Erklärung hin zum Gebet, da sich der Redner direkt an Christus wendet und darum bittet, dass Er das versammelte Volk anhören und segnen möge.

Strophe 4 ist eine Verkündigung des Lobes und der Ehre für den dreieinigen Gott während Seiner ewigen Herrschaft. Literaturkritiker loben die »Architektur« (die hervorragende Struktur) eines guten Gedichts, und dieses Gedicht ist es, das diesen Anforderungen gerecht wird. Wenn wir ein Lied wie dieses singen, neigt alles dazu, zu einer einzigen Mischung zusammenzufließen, und wir vermissen oft die Nuancen der Weiterentwicklung, die der Dichter in den Text eingebaut hat – Nuancen, die wir sehen, wenn wir über den Inhalt des Gedichts nachdenken.

Mehrere Bildmuster durchdringen das Gedicht und geben ihm Geschlossenheit. Eines ist eine architektonische Bildsprache in der ersten Strophe, die an ein Gebäude erinnert (Eckstein, Fundament). Dieses heilige Gebäude wiederum ist ein Sinnbild für die Gemeinschaft der Gläubigen, sowohl auf der Erde, als auch im zukünftigen Reich Gottes. Ein zweites Bildmuster ist das der Einheit der Gemeinde, die durch Christus, »der Sein Volk in sich vereint«, geschaffen wurde und die hier besonders in der gemeinsamen Anbetung Gottes zum Ausdruck kommt. Doch hier wird auch die Einheit der Dreieinigkeit gepriesen.

Was Literaturwissenschaftler manchmal als »die Suche nach Superlativen« bezeichnen, ist in diesem Gedicht lebendig und hervorragend: »die voll Liebe Er gewann«, »betet voller Freude an«, »zu Dir, ... Du Höchster, komm ich täglich«, »aus Deiner Fülle«, »schenke Deinen großen Segen«, »bei Dir, Herr, alles steht«, »herrschst Du ewig«. Ausdrücke wie diese zielen darauf ab, etwas in einer Weise darzustellen, die man als »nicht im gewöhnlichen oder unvollständigen Maß, sondern in vollem Maß« beschreiben könnte.

Dieses Lied erinnert an viele Bibelstellen. Doch der Anfang des Liedes ist so eng mit Epheser 2,19-21 verbunden, dass diese Verse als Parallelstelle unvermeidlich erscheinen:

> *»So seid ihr nun nicht mehr Fremdlinge ohne Bürgerrecht und Gäste, sondern Mitbürger der Heiligen und Gottes Hausgenossen, auferbaut auf der Grundlage der Apostel und Propheten, während Jesus Christus Selbst der Eckstein ist, in Dem der ganze Bau, zusammengefügt, wächst zu einem heiligen Tempel im Herrn.«*

CHRISTUS IST DER WAHRE ECKSTEIN

Christ Is Made the Sure Foundation

Text: aus dem Lateinischen von John M. Neale (1818–1866)
Deutsch: Elli Ertner

Melodie: Niko Derksen

Was für ein hervorragender Grund der Hoffnung und Zuversicht ist es, wenn wir im Gebet über diese drei Dinge nachdenken – die Liebe des Vaters, das Verdienst des Sohnes und die Kraft des Geistes!

THOMAS MANTON

Gott wirkt geheimnisvoll und gut

Originaltitel: God Moves in a Mysterious Way
Text: William Cowper (1731–1800), K. Jason French (Refr.)
Deutsch: Elli Ertner

1. Gott wirkt geheimnisvoll und gut
die Wunder Seiner Macht,
wenn Er uns führt durch Feuersglut,
durch Stürme, Not und Nacht.

Refrain:
Du bist gnädig! Du bist groß!
Hilf uns, Dich zu sehn,
Dich zu sehn und Deine Treu,
wenn wir durchs Dunkel gehn!

2. Ja, unergründlich ist Sein Weg,
in Weisheit und in Rat;
voll Liebe plant und führt Er aus,
was Er beschlossen hat.

3. O Gottes Volk, fass neuen Mut!
Die Not, in der wir sind,
verwandelt sich in Segensflut,
die uns zum Besten dient.

4. Der Herr ist gnädig, treu und gut –
vertraut und hadert nicht!
Seht hinter Gottes Handeln hier
Sein freundlich' Angesicht!

5. Sein Plan schließt Glück und Trübsal ein,
auch wenn wir's nicht verstehn.
Die Knospe mag wohl bitter sein –
die Frucht ist süß und schön.

6. Wer zweifelt, wankt nur hin und her
und kann nicht sicher stehn.
So lasst auf Gottes Wort uns baun
und im Vertrauen gehn!

William Cowper ist ein sehr bekannter englischer Dichter, dessen Tätigkeit als Liederdichter Teil eines umfassenderen literarischen Lebens war. Cowper führte ein emotional bewegtes Leben und litt unter schweren Anfällen von Depressionen. Er wohnte in der Stadt Olney, wo John Newton Pastor war. Newton war ein großer Segen für Cowper, und die beiden arbeiteten gemeinsam an einer Sammlung von Liedern mit dem Titel *Olney Hymns* (1779). »Gott wirkt geheimnisvoll und gut« war wohl das letzte Lied, das Cowper verfasste. Beim Erscheinen im Buch *Olney Hymns* trug es den Titel »Light Shining Out of Darkness« (Licht scheint aus der Finsternis).

In diesem Gedicht geht es um mehr, als man zunächst vermuten würde. Das offensichtliche Thema des Gedichtes ist die göttliche Vorsehung. Während Cowper dieses Prisma im Licht dreht, werden wir dazu gebracht, verschiedene Aspekte der göttlichen Vorsehung zu betrachten und uns die Zeit zu nehmen, diese zu benennen; denn das ist ein guter Weg, das Gedicht zu verinnerlichen. Ein grober Umriss ist der folgende (aber er sollte uns nicht davon abhalten, innerhalb des groben Umrisses spezifischere Blickwinkel zu finden):

In den Strophen 1 und 2 wird versichert, dass Gottes »Wirken« und »Führen«, Seine »Wege« und »Pläne« (Codewörter für die Vorsehung) für den menschlichen Verstand geheimnisvoll sind.

Die Strophen 3 und 4 beginnen beide mit direkten Geboten bezüglich der Vorsehung: »Fass neuen Mut!« und »Vertraut und hadert nicht!«, die dann durch Gründe gestützt werden, warum wir die Gebote befolgen sollten.

Die Strophen 5 und 6 arbeiten das Trostmotiv heraus, das in den Strophen 1-4 schon leicht hindurchscheint. Von Strophe zu Strophe wird das Bewusstsein von Gottes Wohlwollen, auch unter schwierigen Umständen, in unserem Denken und Fühlen immer stärker, da der Autor in jeder Strophe auf der vorherigen aufbaut.

Das Geheimnis von der gütigen Vorsehung Gottes im menschlichen Leben ist das Hauptthema. Während wir weiter über die Strophen nachdenken, stoßen wir auch auf einige andere Themen, die wir betrachten wollen. Eines davon ist das Porträt von Gottes Wesen, das sich herauskristallisiert. Es ist ein vielseitiges Porträt, das ein starkes Gefühl beinhaltet von Gottes Transzendenz

(der menschliche Verstand kann Ihn nicht erfassen), Souveränität (Er hat die Ereignisse in der Hand und lenkt sie nach Seinem Willen) und Güte (da das Gedicht wiederholt bekräftigt, dass das Endergebnis scheinbar schlechter Umstände etwas Gutes ist). Darüber hinaus zeichnet das Gedicht ein pessimistisches Bild des menschlichen Lebens in einer gefallenen Welt, das die starken Behauptungen bezüglich eines guten Ausgangs nicht zu leichtfertig erscheinen lässt.

So laufen ein Portrait des Wesens Gottes, ein Bild des menschlichen Lebens in Extremsituationen und im Hintergrund ein tröstlicher Refrain, der uns versichert, dass nach Gottes Vorsehung alles gut werden wird, zusammen. Inzwischen ist es offensichtlich, dass Cowpers Gedicht zur Theodizee-Frage gehört, die (a) die Souveränität Gottes und (b) die Güte Gottes gegenüber den Menschen mit (c) der Tatsache des Leidens in der Welt in Einklang bringt.

Cowpers Gedicht drückt eine Geisteshaltung aus, die so gegensätzlich zu dem ist, was wir manchmal erleben und fühlen, dass wir sie nur durch Glauben bekommen können. Vielleicht gingen Cowper bei der Abfassung seines Gedichts zwei Verse aus dem Römerbrief durch den Sinn:

> *»Wir wissen aber, dass denen, die Gott lieben, alle Dinge zum Besten dienen, denen, die nach dem Vorsatz berufen sind.«*
>
> *Römer 8,28*

> *»O welche Tiefe des Reichtums sowohl der Weisheit als auch der Erkenntnis Gottes! Wie unergründlich sind Seine Gerichte, und wie unausforschlich Seine Wege!«*
>
> *Römer 11,33*

GOTT WIRKT GEHEIMNISVOLL UND GUT

God Moves in a Mysterious Way

Text: William Cowper (1731–1800), K. Jason French (Refr.)
Deutsch: Elli Ertner

Melodie: William B. Bradbury (1816–1868), K. Jason French (Refr.)

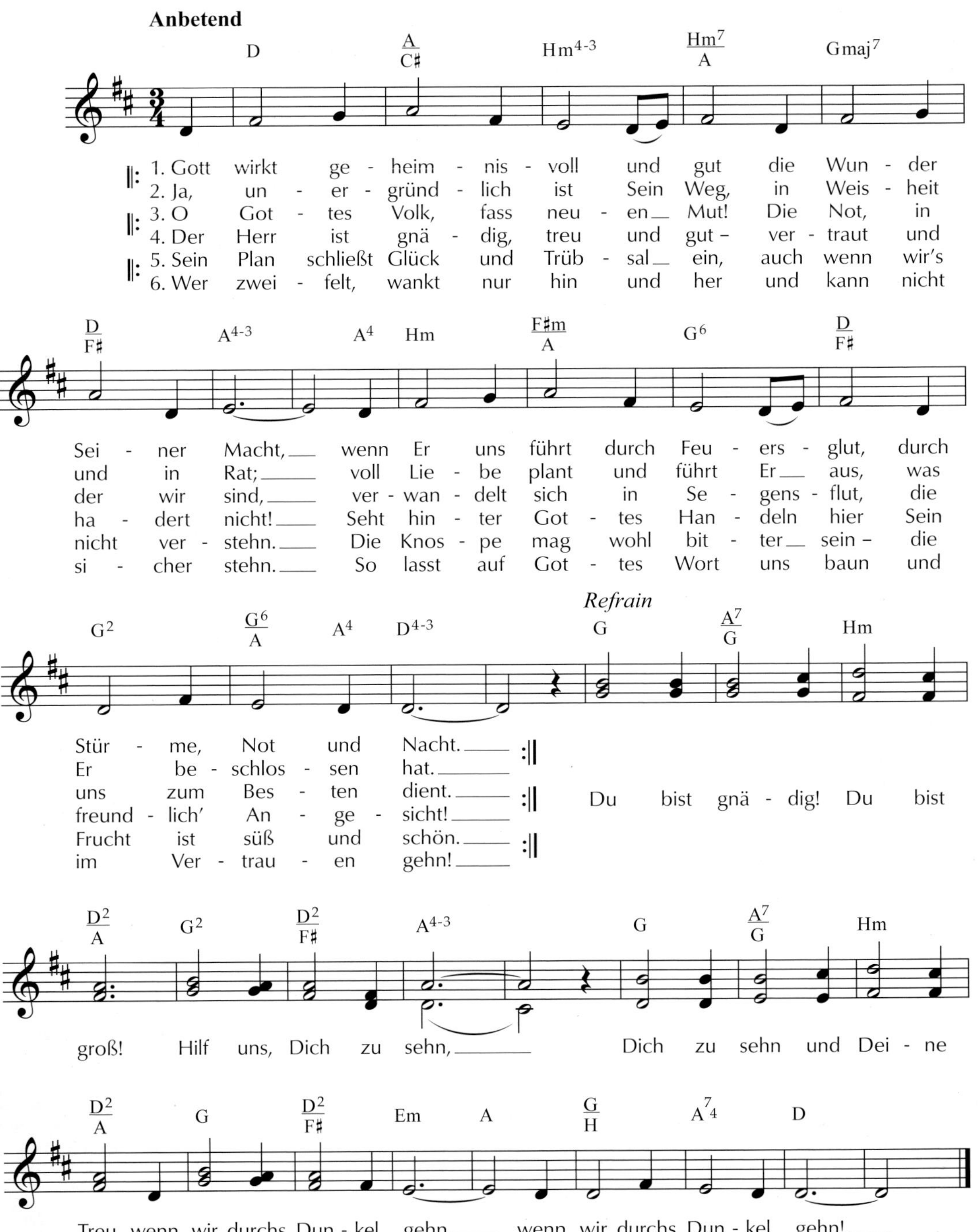

Die göttliche Souveränität
ist die ultimative Quelle des Trostes
für einen gläubigen Christen; denn
sie bedeutet, dass Gott die Kontrolle
über sein Schicksal hat. Was könnte
für den Christen tröstlicher sein, als
zu wissen, dass der Ausgang seines
Lebens nicht von zufälligen Umständen
abhängt, sondern in den Händen
eines gütigen Gottes liegt?!

R.C. SPROUL

Mach Du mein Leben, Herr, mein Gott

Originaltitel: Fill Thou My Life, O Lord My God
Text: Horatius Bonar (1808–1889)
Deutsch: Elli Ertner

1. Mach Du mein Leben, Herr, mein Gott,
Dir ganz allein zum Preis,
dass ich durch Wesen, Werk und Wort
nur Dich zu rühmen weiß!

Refrain:
Herr, heilige Du meinen Sinn,
dass alle Tage neu,
bei jedem Schritt, mein Leben lang,
ich mich an Dir erfreu!

2. Nicht nur die Lippen und das Herz
solln Dich anbeten, Herr,
nein, jeder Teil des Lebens muss
Dich preisen täglich mehr.

3. In Alltagsdingen jeden Tag,
vom Morgen bis zur Nacht,
durch jedes Werk und jede Pflicht,
sei Ehre Dir gebracht.

Der Autor dieses Liedes war ein Puritaner der späteren Zeit, ein Prediger einer Gemeinde in Schottland, der sich selbst als Geistesverwandter von zwei anderen berühmten schottischen Predigern seiner Zeit betrachtete: Thomas Chalmers und Robert Murray M'Cheyne. »Mach Du mein Leben Herr mein Gott« drückt eine puritanische und reformierte Sichtweise darüber aus, was es bedeutet, sich für eine »heilige« Sicht des Lebens einzusetzen. In den Staatskirchen beinhaltet die »heilige« Sicht eine Vielzahl ritueller und sichtbarer Bilder innerhalb eines Kirchengebäudes. Dort ist die Kirche ein »heiliger Raum« und völlig vom Alltagsleben abgegrenzt. Die »heilige« Sicht der Puritaner beruht auf der entgegengesetzten Grundhaltung: das ganze Leben als heilig zu betrachten, indem Gott und die geistliche Wirklichkeit in das alltägliche Leben einbezogen werden. Ein Mensch, der Gott im Zentrum seines Lebens hat, wird feststellen, dass »sowohl seine Alltagsgeschäfte als auch sein Gotteshaus heiliger Boden ist«. Dies ist die Botschaft dieses Liedes, das in Form eines an Gott gerichteten Gebets verfasst ist.

Die erste Strophe ist eine großartige Einführung in alles, was danach folgt. Es ist ein einziger umfassender Satz, in dem sich der Redner in einer Gebetshaltung an Gott wendet (»Herr, mein Gott«), eine Bitte formuliert (»Mach Du mein Leben ... Dir ganz allein zum Preis«) und einen Grund für die Bitte angibt (»dass ich durch Wesen, Werk und Wort nur Dich zu rühmen weiß«). Diese drei Bestandteile werden das gesamte Gedicht bestimmen: die Anrede Gottes, die Bitten, und die Gründe für die Bitten.

Dieses Gedicht baut auf der klassischen dreiteiligen Struktur der meisten lyrischen Gedichte auf. Nach der Einleitung entfalten die zweite und die dritte Strophe das Hauptthema der Bitte um die Erfüllung des ganzen Lebens durch Gott. Das erwünschte Ergebnis dieser Erfüllung mit der Gegenwart Gottes ist die Fähigkeit, Gott zu loben.

Der Refrain gibt eine sich daraus ergebende Konsequenz an. Wenn Gott meinen Sinn heiligt und mein Leben zu Seinem Preis umgestaltet, dann werde ich mich mein Leben lang an Ihm erfreuen.

Achten wir einmal auf die Wortmuster in diesem Gedicht. Das bemerkenswerteste ist, dass das Wort jeder/jede/jedes viermal vorkommt. Diese Assoziation des Vollumfänglichen wird durch Aussagen über den Bereich ergänzt, in dem Gott regieren soll: In meinem ganzen Leben – nicht nur an meinem Sonntag, meinem Abend oder meinem Morgen –, denn jeder Bereich meines Lebens soll vom Herrn und Seinem Wort geprägt sein und Ihn verherrlichen. Das folgende Wortmuster rundet das Bild ab, indem es die Handlungen benennt, die der Dichter durch Gottes gnädiges Wirken an ihm ausführen wird: *rühmen, anbeten, preisen, ehren* und *sich an Gott erfreuen.*

Dieses Gedicht drückt ein Ideal aus, in dem kein Teil des Lebens von der Heiligkeit ausgenommen ist. Sacharja 14,20-21 zeichnet ein ähnliches Bild von einem Leben, in dem selbst die alltäglichsten Dinge heilig sind:

> *»An jenem Tag wird auf den Schellen der Pferde stehen: ›Heilig dem HERRN‹, und die Kochtöpfe im Haus des HERRN werden sein wie die Opferschalen vor dem Altar.*
>
> *Es wird auch jeder Kochtopf in Jerusalem und in Juda dem HERRN der Heerscharen heilig sein, sodass alle, die opfern wollen, kommen werden und davon nehmen und darin kochen. Und es wird keinen Kanaaniter mehr im Haus des HERRN der Heerscharen geben an jenem Tag.«*

MACH DU MEIN LEBEN, HERR, MEIN GOTT

Fill Thou My Life, O Lord My God

Text: Horatius Bonar (1808–1889)
Deutsch: Elli Ertner

Melodie: Niko Derksen

Herr, wirke Frucht
in meinem Leben – nicht,
damit ich einen hohen Rang
erlange, sondern damit mein
Leben ein Zeichen dafür sei,
was es bedeutet,
Gott zu kennen.

JIM ELLIOT

Jesus, wenn ich nur denk an Dich

Originaltitel: Jesu dulcis memoria
Text: Bernhard von Clairvaux (1090–1153), Niko Derksen (Refr.)
Deutsch: Niko Derksen

1. Jesus, wenn ich nur denk an Dich,
füllt sich mein Herz mit Freud.
Wie wird es sein, wenn ich Dich seh
dort in der Herrlichkeit!

Refrain:
Jesus, Du, mein Herr und Gott,
Dir geb ich mich hin.
Präge Du mit Deinem Wort
meines Herzens Sinn.

2. In Dir allein, Herr, find ich Heil.
Sieh mich in Gnaden an!
Kein andrer Name ist so groß,
kein andrer retten kann.

3. Wenn ich mal falle, hilfst Du auf,
stellst mich auf festen Grund.
Herr, voller Liebe machst Du mir
Worte des Lebens kund.

4. Jesus, mein Schild und großer Lohn
in diesem Kampf der Zeit,
Du bist mein Ruhm, Dich preise ich
jetzt und in Ewigkeit.

Dieses Gedicht des mittelalterlichen Franzosen Bernhard von Clairvaux ist eine Betrachtung über den höchsten Wert, den Jesus für die gläubige Seele darstellt.

Es ist ein Gebet der persönlichen Hingabe. Mit einer direkten Ansprache an Jesus zu beginnen, wie es dieses Gedicht tut, ist bei geistlichen Liedern üblich. Es ist eine Binsenweisheit, dass Lyrik per Definition Ausdruck des persönlichen Empfindens oder der persönlichen Betrachtungen des Dichters sind, aber es gibt einen Unterschied zwischen Gedichten, die an uns als Leser gerichtet zu sein scheinen (z. B. »Krönt Ihn, krönt unsern Herrn!«), und solchen, in denen der Dichter uns den Rücken zuwendet und uns dazu veranlasst, ihn in seinem Gebet zu belauschen. »Jesus, wenn ich nur denk an Dich« ist eine mitgehörte andächtige Betrachtung Jesu. Es ist leicht vorstellbar, dass Bernhard sich bei seinen Morgenandachten hineinversenkt in die Betrachtung dessen, was Jesus für ihn bedeutet.

Die Anfangs- und Schlussstrophe dieses Gedichts sind mit ihrem ähnlichen Klang der Gefühlsäußerung gegenüber Jesus als höchstes Ziel der Hingabe des Dichters wie ein Umschlag, der die mittleren Strophen umgibt. Beide Strophen beginnen mit einer direkten Anrede Jesu.

Jede Strophe des Gedichts weckt eine Sehnsucht nach Jesus. Die mittleren Strophen verwenden eine sich wiederholende Struktur, indem sie aus verschiedenen Blickwinkeln den höchsten Wert Jesu beteuern.

Einer von Bernhards Ansätzen besteht darin, Christus von Strophe zu Strophe mehr zu erheben und sich daran zu erfreuen. Außerdem gelingt es ihm meisterhaft, Wege zu finden, um einen Eindruck davon zu erwecken, dass Jesus der ultimative Schatz ist. In der Eröffnungsstrophe füllt der Gedanke an Jesus das Herz mit Freude; aber wie schön wird es erst sein, Ihn einst von Angesicht zu Angesicht zu sehen. In Strophe 2 ist der Name Jesu so groß, dass er alle anderen weit übertrifft, da wir nur in ihm errettet werden können. In Strophe 3 heißt es, dass Jesus dem Gefallenen aufhilft und ihm Worte des Lebens schenkt. Und in der letzten Strophe spricht der Dichter davon, dass Jesus unser *Ruhm* ist.

Ein endgültiger Triumph des Gedichts ist das Erwachen der geistlichen Sehnsucht. Während sich der Diamant der Erhabenheit Jesu im Licht dreht, sehnen wir uns immer mehr danach, diesen höchsten Gewinn in Anspruch

zu nehmen. Das Gedicht verwendet konzeptionelle Bilder (Worte, die eher abstrakte als sinnliche Bilder beschreiben), die unsere tiefsten Sehnsüchte wecken: *Freude, Heil, Liebe, Ruhm.*

Dieses Lied ruft ein Bild von Jesus als dem Ziel unserer größten Sehnsucht und Wertschätzung hervor – als Demjenigen, der über allem anderen steht. Dort kam auch der Dichter von Psalm 73 hin, nachdem er an seinem Glauben verzweifelt war, als er die erfolgreichen Gottlosen beneidete:

> *»Wen habe ich im Himmel [außer Dir]? Und neben Dir begehre ich nichts auf Erden! Wenn mir auch Leib und Seele vergehen, so bleibt doch Gott ewiglich meines Herzens Fels und mein Teil.«*
>
> *Psalm 73,25-26*

JESUS, WENN ICH NUR DENK AN DICH

Jesu dulcis memoria

Text: Bernhard von Clairvaux (1090–1153), Niko Derksen (Refr.)
Deutsch: Niko Derksen

Melodie: John B. Dykes (1823–1876)
Niko Derksen (Refr.)

Obwohl wir Gott
nicht in Seiner Fülle
begreifen können, können wir
durch Seine Offenbarung
genug über Ihn erkennen,
um Ihn angemessen
preisen zu können.

R.C. SPROUL

Lobe den Herren

Text: Joachim Neander (1650–1680)

1. Lobe den Herren, den mächtigen König der Ehren;
lob Ihn, o Seele, vereint mit den himmlischen Chören!
Kommet zuhauf, Psalter und Harfe, wacht auf,
lasset den Lobgesang hören!

2. Lobe den Herren, der alles so herrlich regieret,
der dich auf Flügeln des Adlers so sicher geführet,
der dich erhält, wie es dir selber gefällt!
Hast du nicht dieses verspüret?

3. Lobe den Herren, der kunstvoll und fein dich bereitet,
der dir Gesundheit verliehen, dich freundlich geleitet!
In wieviel Not hat nicht der gnädige Gott
über dir Flügel gebreitet!

4. Lobe den Herren, der sichtbar dein Leben gesegnet,
der aus dem Himmel mit Strömen der Liebe geregnet!
Denke daran, was der Allmächtige kann,
der dir mit Liebe begegnet!

5. Lobe den Herren und Seinen hochheiligen Namen!
Lob Ihn mit allen, die Seine Verheißung bekamen!
Er ist dein Licht, Seele, vergiss es ja nicht!
Lob Ihn in Ewigkeit! Amen.

Dieses Gedicht wurde von einem deutschen Schullehrer verfasst, als er ein junger Mann in seinen Zwanzigern war (er starb später im Alter von nur dreißig Jahren).

Es ist ein Lobpreis zu Gott, der eng an die biblischen Lobpreispsalmen angelehnt ist. Solche Psalmen setzen sich aus den folgenden Bestandteilen zusammen: einem feierlichen Aufruf oder Gebot, Gott zu loben; einer Nennung der Person oder Gruppe, an die die Ermahnung gerichtet ist; einer Liste der lobpreiswürdigen Taten Gottes und einem abschließenden Wort, um das Gedicht zu beenden. Die Länge der ersten beiden Zeilen jeder Strophe dieses Liedes, die doppelt so lang sind wie die der folgenden Zeilen, ist eines der Elemente, die diesen Lobpreis zu einer Ode machen – ein erhabenes lyrisches Gedicht, das in einem hohen Stil über ein bedeutsames Thema geschrieben wurde.

Der einleitende Aufruf zum Lobpreis in Strophe 1 gibt uns Auftrieb. Die erste Zeile besteht aus zwei aufeinanderfolgenden Namen für Gott. Die erste Person, die angesprochen wird, ist die eigene Seele des Redners, in einer Art, die zweifellos von Psalm 103,1 beeinflusst ist, in dem es heißt: *»Lobe den Herrn, meine Seele, und alles, was in mir ist, Seinen heiligen Namen!«*

Sobald diese Bemerkung, mit der wir uns selbst ermahnen, eingeführt ist, beziehen wir auch den Rest des Gedichts auf uns. Aber der Rest der Anfangsstrophe erweitert schnell den Rahmen, indem er die ganze Schar der Gläubigen dazu aufruft, sich dem persönlichen Lobgesang des Dichters anzuschließen. Das Gedicht hat also eine doppelte Wirkung: Wir ziehen eine Bilanz der Taten Gottes in unserem persönlichen Leben, fordern aber auch andere dazu auf, das Gleiche in Bezug auf ihr Leben zu tun.

Die mittleren drei Strophen drücken den eigentlichen Lobpreis aus. Die Liste der lobenswerten Taten folgt nicht einem Muster von einer Strophe zur nächsten, sondern ist ein zusammenhängendes Netz. Es wird immer wieder angedeutet, dass Gott in Seiner Vorsehung souverän ist: *Er regiert, führt, erhält,* und so weiter. Die vorherrschende Kategorie dieser göttlichen Vorsehung ist nicht kosmisch, sondern persönlich und tröstlich: »... der dich auf Flügeln des Adlers so sicher geführet, der dich erhält, wie es dir selber gefällt ... der dir Gesundheit verliehen, dich freundlich geleitet. In wieviel Not hat nicht der gnädige Gott über dir Flügel gebreitet!«

Dieses Gedicht handelt nicht von der Erlösung, sondern von der göttlichen Gegenwart im irdischen und menschlichen Leben. Gott erweist sich als stark für diejenigen, die Ihm vertrauen. Die Gesamtwirkung dieser Strophen besteht darin, dass sie uns dazu bringen, auf die Gegenwart Gottes, wie Er sie in unserem Leben bis zum heutigen Augenblick bezeugt hat, zurückzublicken.

Die Schlussstrophe kehrt zur Anfangsstrophe zurück. Wieder ruft der Dichter Psalm 103 in Erinnerung. Die ganze Schar der Gläubigen wird ermahnt, sich dem Lobpreis anzuschließen, denn die eingangs erwähnten »himmlischen Chöre« werden nun ersetzt mit »allen, die Seine Verheißung bekamen«. In der letzten Zeile findet sich mit »Lob Ihn in Ewigkeit!« ein Hinweis auf die übliche eschatologische Wende.

Ein Merkmal der meisten Lieder in diesem Sammelband ist, dass sich die Dichter auf viele Stellen in der Bibel beziehen, während sie die poetische Struktur jedes Liedes formen. In diesem Lied finden wir Gedanken und Poesie aus den Psalmen 103 und 150 wieder.

Ähnlich wie in diesem Lied zeichnet Zephanja 3,17-18 ein Bild von der gütigen Gegenwart Gottes in unserem Leben in jedem Augenblick unserer Bedürftigkeit:

> *»Der HERR, dein Gott, ist in deiner Mitte, ein Held, der rettet; Er wird sich über dich freuen mit Wonne, Er wird still sein in Seiner Liebe, Er wird über dich jubelnd frohlocken.*
>
> *Die Bekümmerten, welche die Festversammlungen entbehren mussten, will Ich sammeln; sie waren von dir, auf ihnen lastete Schmach.«*

LOBE DEN HERREN

Text: Joachim Neander (1650–1680) *Melodie: aus dem 17. Jh.*

Gottes Güte ist der überragende Ausdruck Seiner Herrlichkeit.

JERRY BRIDGES

Schlusswort

Das erste, was ein Leser nach Abschluss eines Buches tun sollte, ist eine Bestandsaufnahme dessen, was während der Lektüre des Buches geschehen ist. Dies erfolgt sowohl im Rückblick auf unsere Leseerfahrung, als auch in unserer Selbstreflexion über das, was sich durch das Lesen bei uns verändert hat oder was uns klar geworden ist, während wir das Buch gelesen und verinnerlicht haben.

Sicherlich werden die meisten Leser dieses Buches eine neue und differenzierte Erfahrung mit den Liedern gemacht haben, die hier zu finden sind. Schon die Tatsache, dass wir sie nicht nur mit Noten, sondern auch in Gedichtform vor uns sehen, kann eine kleine Revolution in der Art und Weise auslösen, wie wir die Lieder aufnehmen. Darüber hinaus können wir jetzt feststellen, dass alle üblichen Elemente der Poesie in diesen Texten vorhanden sind.

Nachdem wir die Lieder kennengelernt und eine Bilanz über die Lektüre dieses Buches und seine Auswirkungen gezogen haben, sollten wir uns daran erinnern, dass (wie T.S. Eliot in einem Gedicht schrieb) »etwas zu beenden bedeutet, einen Anfang zu machen«. Was können wir aus diesem Buch mitnehmen? Eine offensichtliche Antwort ist, dass wir es so verwenden können, wie Christen vor 1870 Gesangbücher benutzten, die nur aus Texten bestanden: es in unsere täglichen Andachten einzubauen, uns an ihm als Teil unserer Freizeitlektüre zu erfreuen und es als eine Sammlung hingebungsvoller Gedichte zu verwenden. Wir können auch unser Bewusstsein dafür schärfen, dass Lieder Gedichte sind; die kurzen Erläuterungen der Lieder in diesem Sammelband sind ein Beispiel dafür, wie wir dies erreichen können. Wenn wir uns nur auf die Lieder mit Noten konzentrieren, könnte das ein Hindernis dafür sein, sie als Gedichte zu erkennen.

Für Literaturfreunde, die Gedichte und Poesie lieben, gibt es eine zusätzliche Lektion zu lernen und eine Lesegewohnheit zu entwickeln. Auch dir wurden die Augen für etwas Neues geöffnet – nämlich, dass geistliche Lieder keine zweitklassige Poesie sind, die man zwar erwähnen, aber nicht in Literaturkursen behandeln könne. Die in poetischer Hinsicht besten geistlichen Lieder halten unter derselben Art einer Erläuterung stand wie die säkulare Poesie. Und da geistliche Poesie in der Regel das Ziel hat, ihre Botschaft für jeden verständlich zu vermitteln und somit weniger komplex und anspruchsvoll zu sein, eignet sie sich für den gewöhnlichen Leser hervorragend als Einführung in die Dichtkunst. Das ist ein Pluspunkt, der für sie spricht. Schließlich ist die Bibel, einschließlich ihrer Poesie, ein Buch für das Volk.

Wenn ich in meiner Rolle als Autor eine persönliche Bemerkung machen darf: Ich bin seit über einem halben Jahrhundert Professor für Englisch, und dieses Buch war auch für mich eine Entdeckung. Mir war nur vage bewusst, dass Lieder Gedichte sind. Ich habe nicht geahnt, was für eine Veränderung eintreten kann, wenn wir Lieder als Gedichte (ohne Noten) sehen. Das Verfassen dieses Buches wurde mir zum angenehmsten meiner mehr als fünfzig Bücher, da ich meine üblichen Methoden der Erläuterung auf einen unerforschten Bestand an Literatur anwandte. Ich wünschte, jemand hätte mich am Anfang meines Berufsweges an die Hand genommen und gesagt: »Schau dir das mal an!«

Anmerkung des Herausgebers:

Da einige Lieder dieses Buches unbekannt sind, wurden zu jedem Lied die entsprechenden Noten beigefügt.

»Glückselig sind die
geistlich Armen, denn ihrer
ist das Reich der Himmel!
Glückselig sind die Trauernden,
denn sie sollen getröstet werden!«
Matthäus 5,3-4
DIE KRAFT
DES
EVANGELIUMS
Niko Derksen (Hrsg.)

BUCHEMPFEHLUNG

Die Kraft des Evangeliums

Bestell-Nr.: 875.309 | ISBN: 978-3-941456-09-9

Hardcover Goldprägung | 3-farbige Innenseiten | 500 Seiten

36 ausgewählte Artikel von 13 Autoren aus dem gleichnamigen Quartalsmagazin »Die Kraft des Evangeliums«

Sie sind für viele eine Quelle des Trostes, der Ermutigung, der Belehrung und der Hoffnung geworden. Wir sind dem Herrn sehr dankbar, dass Er Selbst uns durch Sein Wort ermutigt, anderen Christen auf diese Weise zu dienen.

Dieses Buch zeigt die verändernde Kraft des Evangeliums in unserer Errettung, in unserem Leben als Christen, in unserer Familie und Gemeinde und in unserem Dienst im Reich Gottes.

Nimm es, lies es, erfreue dich an diesen kostbaren Wahrheiten, wende sie an und sei ein Zeugnis der verändernden Kraft des Evangeliums in deiner Umgebung!

Prediger und Autoren vom 17. Jh. bis heute kommen hier zu Wort, um dich in deinem Glauben zu stärken und zu ermutigen: John MacArthur, R.C. Sproul, Martyn Lloyd-Jones, Steven Lawson, Joel Beeke, Niko Derksen, Arthur Pink, John Owen, C.H. Spurgeon, Matthew Henry, Thomas Brooks, J.C. Ryle, Lou Priolo.

Du kannst diesen Artikel in unserem Shop unter www.voh-shop.de oder unter der Telefonummer 02265 9974922 bestellen.